大展好書 好書大展

大展好書 好書大展

道學文化 8

楊光文、甘紹成／編著

青詞碧簫

——道教文學藝術

大展出版社有限公司

總序

中華道學歷史源遠流長，內容博大精深，既是中華民族的文化精華，又是世界文明的寶貴財富。

道家歷來崇尚黃帝。黃帝是中華民族的創始者，五千年的偉大中華文明皆同黃帝有着千絲萬縷的聯繫，現在我們中國人仍然說自己是黃帝的子孫。先秦時代，道家之祖老子著《道德經》五千言，影響深遠，道家思想遂蔚爲『顯學』。道教創立，奉老子爲教主，以其《道德經》爲主要經典，規定爲教徒必須誦習的功課，道家與道教融合而爲中華道學。幾千年來，它經過長期的演變和發展，積累成豐富的道學文化，對中國社會的政治、經濟、哲學、倫理道德、文學藝術、醫藥學、養生學、文化學以及民族心理、社會風俗等方面都產生了十分深刻的影響，起過相當重大的作用。因此，如果不瞭解中華道學的豐富內容，也就不可能全面、深刻地瞭解中國的歷史和文化。在現今中國建設現代化國家的過程之中，也需要吸取道學文化的精華，以推進中華民族的精神文明和物質文明建設。

一

中華道學文化的核心是『道』。那麼，什麼是『道』？

老子認爲，『道』是產生宇宙萬物的總根源，也是天地之間萬事萬物盛衰變化的總規律。《道德經》開章明義就講：『道可道，非常道；名可名，非常名。無名，天地之始。有名，萬物之母。』大道既無形象，又無名稱，不能用人類的語言和文字去形容它、描述它。《清靜經》說：『大道無形，生育天地；大道無情，運行日月；大道無名，長養萬物。』故大到宇宙空間，小到瓦礫微塵，無不有『道』的存在。《道德經》四十二章說：『道生一，一生二，二生三，三生萬物。』學者們評述說，這是老子在中國哲學史上首次提出的宇宙創生模式。對於這些話，我是這樣理解的：『道』即是無形無象的浩然正氣，在宇宙還未形成之前的混沌時期，由浩然之氣將混沌一分爲二，分出了陰陽天地；之後，又是浩然之氣運行日月，天生成萬物，地長養萬物，如此週而復始，永不停止，『獨立而不改，週行而不殆』。大道化生萬物以後，「生而不有，爲而不恃，長而不宰」，讓萬物自然生長，「夫莫之命而常自然」。

二

「道」的法則落實在社會層次方面，這就是人們的道德行爲規範。老子說：「人法地，地法天，天法道，道法自然。」按照「道」的原則行事，這個行爲規範的核心就是「清靜」、「無爲」和「自然」。也就是說，人們應該效法「天道」，體會天地自然的規律，順其自然地把握自己，成就高尚、完整的人生境界，才能獲得人生與社會的永恒。

人生一世，應該和諧、美滿與幸福，人們相互理解、幫助、支持，與自然相協調。但是，怎樣才能實現這樣的人生目標呢？我想首先應該做到道家的「清靜」。老子認爲「清靜可以爲天下正」，意即清靜是天下最高的法則，心清神靜，就可以處理好天下之事。道家的「清靜」並不是現代語言中的安寧寂靜之意，而是去私寡慾、摒除雜念的意思。在老子看來，這是一種最高的人生境界。老子認爲，一個人只有不斷地反省自己，剔除從外在環境沾染上的私慾雜念，才會像渾濁的流水一樣，靜止下來重新變清。人出生之時，自然純淨，一無所有，隨着生命歷程的展開，逐漸生出和沾染上種種慾念，如果不時時用淡泊寧靜的「道」來抵禦心中的私慾雜念，整日爭名逐利，耽於聲色犬馬，就會迷失生活的方向，步入生命的歧途。人生路向誤導的結果，便是『甚愛必大費，多藏必厚亡』，爲身外之物破費精神，耗盡心力，到頭來一無所有，空抛却寶貴的人生。明於此，就當『致虛極，守靜篤』，堅守清靜自然之道，人生於是走上正軌。

『無爲』是道學的中心思想，早爲人們所熟知，但是相當多的人對它並沒有正確的理解，祇是望文生義地解釋爲『無所作爲』；其實，道家的『無爲』是順其自然，按照天道自然的法則辦事，不妄作爲的意思。老子《道德經》中說，『無爲而無不治』，『無爲而無不爲』，這才是『無爲』的真正宗旨。譬如人生處世，有人用淡泊寧靜的心與利於他人的觀念去面對世間一切事物，不貪婪，不存非分之想，總想爲社會做點力所能及的好事，用這樣的心情去對待家庭，尊老愛幼，『老吾老以及人之老，幼吾幼以及人之幼』。這樣，他就會受到人們的尊重，自身又無掛礙，無煩惱，既能適應繁忙的事務，又能神清氣爽，內心寧靜，得到充分休息，使體內的組織細胞保持正常的新陳代謝，滋養生息，長此以往，他自會身強體壯，延年益壽。這就是『無爲』的人生實踐。反之，如果有人總想『有爲』，貪慾之心太重，隨時想把別人的財富據爲己有，貪贓枉法，胡作非爲，『不知常，妄作兇』，每天都在煩惱與恐怖中生存，結果只能加速自身的死亡。人是天地之間一衆生，如果人人都用道家『無爲』的思想告誡自己，規範自己的行爲，用淡泊寧靜的心和利於他人的意念去生活，去工作，去創造，那麼人類自然就會和諧相處，社會自然得到平衡發展。

三

世人都有永生的願望，這是人類自古以來便有的傳統。從遠古開始，中國人的内心深處就藏着一個秘密願望——長生不老，不死長存。這樣的民衆心理，由中國道教神仙長生的生命哲學充分顯示了出來。道教信仰神仙長生，認爲世間具有上根之人通過修習神仙之道，可以使生命獲得永恒不朽。儘管到目前爲止，長生不死尚無實證，但長期以來道教對這一境界的追求，却產生了不少有益於人類的寶貴文化遺產，在人類探索養生長壽之道的歷史進程中，做出了獨特的貢獻。

道家與道教的生命科學實踐，主要有道教醫學、道教養生學、道教仙學三個方面的内容。道教醫學與中醫學有密切的血緣關係，但又以其祝由、秘方、氣功診病治病等構成獨立於中醫之外的獨特醫療治病系統。道教養生學包括導引行氣（即今之氣功）、食養食補及日常生活等方法、技術和理論。它構成了中國傳統養生學和保健學的主體與基本内容。道教仙學包括内丹、外丹等修仙之術，雖然其中含有一定的宗教内容，但却對人體科學、智能開發以及古代化學等領域的研究實踐做出了重要貢獻。

道教主張『我命在我不在天』，即人的生命由自己控制掌握，人發揮自我主體能動性，可以延續生命的長度，提高生命存在的質量。這方面的途徑和方法是多種多樣的，可以歸結爲兩大方面：一方面是養生，一方面是道德修養。這種關於生命科學的歷史實踐，對於現代社會具有重大的現實意義。它在理論和方法手段上彌補了西方近現代醫學、保健學與實踐體系的不足。

首先，道家與道教主張在養生活動中應當身心並重、形神俱完、性命雙修；在形體保健中強調心智完整與道德修養的雙重意義。這種以修德養性爲養生第一要務的修道特徵，對於今天社會具有相當重要的指導意義。

其次，道學提倡全面養生，即從精神修養、飲食、鍛鍊以及日常生活衛生等各個方面來進行養生、發展身體、增進健康與延長壽命。道家和道教反對偏頗和單一的修煉，認爲生命是一個大系統，必須從各個方面、採用各種方法和手段來加以養護和發展。

其三，道家與道教認爲生命健康長壽的關鍵是人體內部精、氣、神的充盈旺盛。因而養生治身的原則是動靜結合、内外結合、煉養結合、形神結合，重在提高與發展人的内在精神和生理水平。其手段方法也就不是那種激烈的運動和比賽，而是重視静養精神、内煉精氣、導引形體、飲食補養，從而構成了在世界醫療保健體系中堪稱獨樹一幟的具有中國傳統文化特色的養生文化體系。

由此可知，道教養生的方法無疑對延長人的生命，充實人的生活具有重要的意義；然而，僅僅如此還是不够的，生命還欠缺了一方面，不能盡善盡美。要使生命發出光華，萬古不朽，還必須在道德上下功夫，通過自我努力，成爲道德上無懈可擊的君子。養生加道德實踐，這才是完美的人生，這才是生命的坦途，這才能够不朽。這就是道教生命的哲學的主體性原則。

道教認爲，要想從根本上解脱生死的煩惱，使人生走向永恒，必須加强身心的修煉，過一種合乎道德的生活。道教經典從《太平經》、《清静經》到後來民間流行的功過格，都提倡人生在世，應該多行善事。一個行善的人，光明正大，心中充滿正氣，活得自在踏實，所謂『爲人不做虧心事，半夜敲門心不驚』，這種充滿浩然正氣的心態對生理健康大有好處。人的長壽是由心理健康和生理健康交互作用而完成的，一個具有善良意志的人，心地是清静無爲的，摒棄了種種邪惡慾念，一心向善，自然有利於身體安康。

總之，德行充實者必會長壽，這是道教用『道』指導人生解決生命問題的一個準則，它對於世界文明和人類健康長壽事業具有重大的價值。

道教認爲，要想長生不老，僅有個人的道德實現是不完美的，還必須濟世救人，利他利民，建功立德。如果僅滿足個人的修煉，只能拯救自我的生命，這是很不够的，而且不能證道成仙。只有廣建陰德，濟物救世，行種種方便，做無量善事，拯救普天之下人們的生命，自己的生命才能得到拯救。道教文化中保存了許多中華民族的美德，如孝敬父母，敬老恤孤」，憐貧憫疾，先人後己，損己濟物，助人爲樂，濟人貧困，解人之厄，扶人之危，抑惡揚善等等。這些美德都值得發揚光大，以淨化社會的空氣。

四

道教不僅試着解決生命的最終歸宿，而且熱切關懷生命存在的質量高低問題，也就是關心世人是否生活得幸福快樂。

怎樣才算是幸福生活？古今中外的哲學家、宗教家都在探討這一問題。古希臘的哲人德謨克里特告訴人們：幸福不在於佔有畜羣，也不在於佔有黃金，它的居處是在我們的靈魂之中。古希臘的另一大哲人亞里斯多德認爲，人的心靈可分爲『理智德性』和『道德德性』兩大部分，人們祇要具備了這兩種德性，並進而使兩者處於有秩序的和諧狀態，就進入幸福和至善的境界。所以他認爲，幸福就是心靈完全合於德行的活動。老子以『無爲』作爲人類本性和最高的道德，認爲『道常無爲』。無爲包含有無慾的意思在內，這種無慾無爲的道德。老子又把它叫做『自然』，講『道法自然』。人按照道的這種無爲無慾生活即是幸福。老子讚美『貴柔』、『知足』、『不争』等品行，在道德修養方法上主張『少私寡慾』、『爲道日損』、『滌除玄覽』等。認爲據此修行，人生就可以免禍得福。

道教的幸福觀可以說與以上中外哲人的思想頗有異曲同工之妙。道教認爲，幸福不在於佔有物質財富的多寡，物慾的滿足並不意味着就是幸福。比如餐宴過度之後人們常常感到腸胃的痛苦便是一例。道教同樣認爲，精神的因素在幸福中佔有很大的比例，主張精神上逍遙自在，不爲外面的花花世界所勾引，不爲外物所染，心靈便清靜明亮。心如赤子，知足常樂。精神上與至善的德行合拍，人就生活得充實美滿。道教繼承老子，主張無慾無爲。所謂無慾，不是禁慾，不是『存天理，滅人慾』，而是合理地控制自己的慾望。人慾是貪得無厭的，如不加以控制，就會走火入魔，縱慾傷身，談何幸福？所謂『樂極生悲』，就是縱慾過度，帶來的只是痛苦。因此合理控制自我慾望，既不縱慾，也不禁慾，適度得中，就找到了幸福的感覺。所謂『無爲』，並不是坐享其成，什麼事也不幹，而是不妄爲，不亂來。比如君子愛財，取之有道，這就不是胡作非爲，就屬於『無爲』的範疇。搞假藥假酒，以假冒僞劣產品坑人騙人，甚至不惜圖財害命，這就不屬於道教講的『無爲』，而是屬於『有爲』。有爲必傷生，最終弄巧成拙，在人生舞臺上演出一幕幕悲劇，哪裏還有幸福可言？所以按照『無爲』的原則生活，就是讓自己的行爲合乎自然規律，合乎道德規範，過一種合乎理性的生活。無慾無爲，效法自然，按照這一原則去生活，去體證生命，相信一定會達到一個新的人生境界。

五

成都恩威集團與四川省社會科學院聯合創辦了『中華道學文化研究中心』，其宗旨是『弘揚中華文化，光大民族美德，繁榮學術研究，促進社會文明』。爲此，中華道學文化研究中心邀請了一批在道教研究方面卓有建樹的專家、學者，編撰了這套『道學文化』叢書，包括有道教醫學、道教内丹與養生學、道教倫理、道教神糸、道教儀禮、道教文學、道教音樂、道教宮觀等方面的内容。旨在客觀介紹，以使熱心中華文化的社會各界人士對道學文化有一客觀、正確、全面的瞭解。在此基礎上，我們再進而發掘這座思想文化的寶庫，用之於當用之處，無疑將對現代社會的發展起到一定的推動作用。我相信，炎黃子孫，同心協力，必能使中華民族之傳統文化發揚光大！

薛永新

目録

引言

在人類創造的各種文化形式中，宗教和文學藝術恐怕是歷史上最能潛移默化民衆心靈的兩種形式。

宗教與文學藝術雖屬於不同的意識形態，但二者之間卻又有着互相影響和滲透的密切關係。

縱觀世界宗教與文學藝術的發展歷史，人們就會發現，幾乎所有的宗教都與文學藝術存在著這樣那樣的糾葛。

宗教以它的玄想刺激了人們的浪漫思維；而文學藝術的表達方式則可以為宗教的目的服務。

道教和其它宗教一樣，也利用文學藝術這種形式來為其服務。

在中國古代，道教以詩詞歌賦、散文傳記、戲劇小說等文學形式來宣傳它的教義思想，使其自然無為、神仙長生等觀念在社會上深入人心，爭取了民衆，擴大了自身的影響；而道教神仙的超凡能力與仙境的幻虛瑰麗，卻又為古代文學創作提供了豐富的藝術想像力和創作素材，在長期的歷史中，共同繁榮了中國古代文學。

中國古代藝術，在音樂舞蹈、繪畫書法、雕塑建築等方面都有很高的造詣和成就，為世所矚目。道教產生後，廣泛吸收和運用這些藝術形式來宣傳其教義，增强教徒和民衆的宗教感情，亦起到了宣傳自己和爭取民衆的雙重作用。道教吸取傳統藝術的營養成分，逐漸形成了具有其宗教特徵的道樂、道畫、神像雕刻與宮觀建築，道教藝術成為中國古代藝術的重要構成部分。另一方面，道教又以其返樸歸真、超凡脱俗的精神境界和思想意識，對中國古代藝術的衆多方面產生了廣泛而深刻的影響。

簡而言之，道教文學藝術是中國古代文學藝術大觀園中色彩斑斕的花朵。它枝繁葉茂，令人賞心悦目。人們漫遊其間，定會饒有興趣，獲益匪淺。

一、道教文學史略

顧名思義，道教文學即是道教與文學『聯姻』的結果。換句話說，道教文學就是以宣傳道教教義、神仙長生思想以及反映其宗教生活題材内容的各種形式的文學作品。因此，我們在介紹道教文學史之前，應當簡略地介紹道教及其歷史。

人們都知道，道教是我國土生土長的傳統宗教。其信仰内容，具有中華民族古老宗教意識的特點。學術界和道教界一般都説道教形成於我國東漢（公元一二六——一四四）時期，至今已有一千八百多年的歷史。但如果從它的前身方仙道和黄老道時算起，那麽，道教就已有二千多年的歷史了。

早期道教分為丹鼎和符籙兩大道派，符籙派以符水治病、祈福禳災為主要宗教活動内容，組織上多係民間道教，如漢末的太平道和五斗米道。魏晉以後，太平道被鎮壓，五斗米道轉化為上層天師道。南北朝時期又分為南天師道和北天師道。丹鼎派側重於清修煉養，故有內丹外丹之別。唐代李家皇朝與道教教主李耳（老子）聯宗，尊寵道教，道教進入興盛發展時期。宋代的真、徽二宗迷戀道教，道教繼續發展。金元之際，道教步入鼎盛時期，全國形成南北兩大教派。南方為正一教，由張天師（張道陵）之後世子孫掌教，中心在江西龍虎山，宗教活動以符籙為主。北方則是王重陽在金代創立的全真教，煉養性命兼融儒釋。丘處機受寵於元太祖，掌管天下道教，全真教更盛極一時。明代正統、嘉靖、萬曆之時，道教亦很發達。此後直至清末，道教宮觀雖不斷修建，終因缺乏理論上的創造力而走向衰微。與此同時，道教的思想影響卻在民間不斷擴展起來。

道教文學產生於中國沃地中，它的發生、發展及其演變的歷史，必然要受到中國社會經濟制度發展進程的制約。從根本上說，道教文學同我國社會發展的歷史是基本同步的。

但是，我們也必須看到，文學作為一種社會意識形態，卻又有其相對的獨立性。不僅整個文學史相對社會經濟而言具有相對獨立性，而且文學史中的各個分支也有其各自的相對獨立性。因此，道教文學的發展史就表現出同中國歷史和中國文學史的既相聯繫又相區別的特點，從而表現出自身的發展規律。大致說來，道教文學史可以分為四個階段：第一，漢魏兩晉南北朝，這一階段是道教文學的形成時期；第二，隋唐五代至北宋，這一階段是道教文學的豐富時期；第三，南宋金元，這一階段是道教文學的完善時期；第四，明清之際，這一階段是道教文學的流變時期。

道教文學史的歷史劃分，是以道教教派發展的歷史為基礎的。大家知道，任何一種分期，都必須以其內在規定性為依據。道教文學作為以道教活動為題材的文學，自然要受到道教教派運動發展史的制約。不言而喻，如果沒有五斗米道的產生，就不可能有反映五斗米道活動的文學作品；如果沒有太平道的產生，同樣也就不會有反映太平道活動的文學作品；如果沒有全真道的產生，照樣也不可能有反映全真道活動的文學作品……可見，正是道教教派活動的興衰變化，使道教文學呈現出固有的階段性。

東漢時期，道教正式創立，五斗米道、太平道相繼產生；魏晉之際，靈寶派、上清派、樓觀派等道派相繼出世；至六朝時期，道教中的各道派日趨發展。所以，這一時期的道教文學與這時期道教的基本特點是密不可分的。

如前所述，早期民間道教的五斗米道和太平道都屬於符籙派。五斗米道的創始人是張道陵，太平道創始於張角。據《後漢書》和《三國誌》等文獻記載，太平道、五斗米道都以符籙和咒語為人治病。按照道教的說法，符籙有召神驅鬼、鎮邪治病的功效，修習服用，據說還能長生。『符』是一種以屈曲的筆劃為主，點綫合用、字畫相兼的圖形。據說它起源於古老的『雲書』。傳說黃帝作雲書，以雲紀官。凡是觀察過天象氣候的人都知道，流雲有飛龍變化之狀，狂風有猛虎下山之勢，所以古人便有『雲從龍，風從虎』的説法。大概『雲書』就是模擬雲彩飄動之狀而成的。作為一種古文字（道教稱符籙是天神的文字），雲書是早期為巫師所專用。當巫教作為重要源頭被原始道教（即早期道教）所吸收時，雲書也隨之成為道教的主要法術之一，並被加以改造。同時，五斗米道和太平道的發展，又都與《太平經》這部經典的傳播有關。相傳五斗米道的創始人張道陵依據《太平經》製作其他道書，而張角的太平道則直接信奉《太平經》。因此，《太平經》便成為符籙道教信奉的一部基本經典。《太平經》這部早期道教經典是在漢成帝年間齊人甘忠可所作《天官歷包元太平經》十二卷的基礎上擴展而成的。其一百七十卷本（今《道藏》本僅五十七卷），已故著名道教學者王明推斷為公元二世紀前期的作品，其考證是令人信服的。（詳見王明《論〈太平經〉的成書時代和作者》，載《道家與道教思想研究》，中國社會科學出版社）《太平經》的產生和流傳，對道教文學的形成具有比較重要的意義。

從文體形式上看，《太平經》主要為語録體散文。《太平經鈔乙部》中有這樣一段話：

真人問神人：『吾生不知可謂何等而常喜乎？』神人言：『子猶觀昔者博大真人邪？所以先生而後老者，以其廢邪？人而獨好真道，真道常保而邪者消。凡人盡困窮，而我獨長存，即是常喜也。』『昭昭獨樂，何忿之哉？卒爲不能長生，當奈何？』神人言：『積習近成，思善近生。夫道者，乃無極之經也。前古神人治之，以眞人爲臣，以治其民，故民不知上之有天子也，而以道自然無爲自治。其次眞人爲治，以仙人爲臣，不見其民時將知有天子也，聞其教敕而尊其主也。其次仙人爲治，以道人爲臣，其治學微有刑被法令彰也，而民心動而有畏懼，巧詐將生也。』

（王明《太平經合校》第二十四頁）

這是一種對話形式，通過問答，説明道理。《太平經》基本上都是採用這種方式進行寫作的。從文學藝術上看，《太平經》則有下面一些特點：

首先是語言比較樸實，有口語化的特色。如《上善臣子弟子為君父師得仙方訣》：

『眞人前，凡爲人臣子民之屬，何者應爲上善之人也。眞人雖苦，宜加精爲吾説之。』『唯唯。但恐反爲過耳。』『何謙？』『諾。誠言今爲國君臣子及民之屬，能常謹信，未嘗敢犯王法，從生到死，訖未嘗有重過，生無罪名也，此應爲最上善之人也。』（《太平經合校》第四十七卷第一三一頁）

文中的『唯唯』，是《太平經》用得最多的一個詞語，可以說是隨處可見。此外，又如

「噫」、「諾」、「善哉」等使用的頻率也很高。由於這類口語使用得多，因此，作品更增加了對話的氣氛。

其次，是類比手法的廣泛應用。從其類型上看，有具體類比和抽象類比等；從其對象上看，有物比人、人比物等等。其卷四十五《起土出書訣》有這樣的類比：

「今天師既開通遇生，示以天忌，願復乞問一疑事。今河海下田作室廬，或無柱樑，入地法三尺輒得水，當云何哉？」「善乎，子之問也。此同爲害耳，宜復淺之。此者，地之薄皮也，近地經脉。子欲知其效，比若人，有厚皮難得血，血出亦爲傷矣；薄皮者易得血，血出亦爲傷，俱害也。故夫血者，天地之重信效也；夫傷人者，不復道其皮厚與薄也，見血爲罪名明白。」

（《太平經合校》第一二二—一二三頁）

這是用地皮比人皮，以地下出水比人皮出血，認為人皮雖然有厚有薄，但不能因為皮薄，把他刺出血來就無罪。同樣，地皮也有厚有薄，亂挖一通，不惜遺力想挖出水，這過錯與傷人見血没有兩樣。這種類比雖然淺顯，但就其闡明保護生態平衡觀點來説，則具有一定説服力。同時，由於這種具體類比是出現在「天師」語言的叙述之中的，因此也對於道教天師形象的塑造起到了一定的作用。弟子對於亂挖地之善惡問題不能作出應有的判斷，天師從人體受傷時的感覺經驗出發，循循善誘，加以啟發，這就把天師那種『法自法』的修養呈現出來了。

另外，《太平經》的主體雖是語錄文，但在其對話描述之中，還夾雜着一些用詩體寫成的口訣、歌謠、諺語。其卷三十八載有一篇『師策文』：

師曰：『吾字十一明爲止，丙午丁巳爲祖始。四口治事萬物理，子巾用角治其右，潛龍勿用坎爲紀。人得見之壽長久，居天地間活而已。治百萬人仙可待，善治病者勿欺紿。樂莫樂乎長安市，使人壽若西王母，比若四時周反始，九十字策傳方士。』

（《太平經合校》第六十二頁）

這是一則順口溜，係修身養性的口訣。其卷一百三亦有一首告誡信衆重道守道的口訣：

『比若萬物生自完，一根萬枝無有神，詳思其意道自陳，俱祖混沌出妙門，無增無減守自然。凡萬物生自有神，千八百息人爲尊，故可不死而長仙，所以蚤終失

自然，禽獸尚度況人焉。』（《太平經合校》第四七二頁）

我們所要注意的是，這篇口訣同前所引『師策文』一樣，每句都是七字，而且都有韻，這便使我們想起了七言詩的來歷。關於七言詩的形成問題，學術界一般都以曹丕樂府詩《燕歌行》為標誌。考察一下七言詩發展歷史，可以發現，其形成過程經過了許多中間環節。相比之下，《太平經》中的『師策文』等更接近於魏晉以後的七言詩，算得上是七言詩的雛形，它們的出現，成為七言詩走向成熟過程中的一個重要環節。《太平經》之所以有『七言詩雛形』的出現，這恐怕與原始道教的傳播需要難以分割。這是因為，符籙道教起於民間，其信徒大多文化水準較低。很可能是為了便於信衆的記憶，傳教的領袖人物便將教義與方術要義編成歌謠，所以他們也就敢於打破一些框框，進行創造。就這個角度來看，其雛形體的七言歌謠是應該值得重視的。至少在描述七言詩的發展歷史時，它們具有一定的資料價值。（參見伍偉民《太平經與七言詩的雛形》，《上海道教》一九八九年三——四合刊）

所謂丹鼎派，便是以煉丹作為求道的基本方式的道派。『丹』原指由一些天然礦物合煉而成的藥。其基本原料是鉛汞，由此初煉而成者叫『丹頭』，繼續再煉即可成服食之用的『金丹』。這種合煉金丹的方術，源於先秦的方士煉丹術。當方士轉變為道士後，金丹術又與古老的導引行氣術相匯通，從而形成了以修煉人體內在的精、氣、神為途徑的內丹術。丹鼎派即由此而發端，如葛洪從祖葛玄所傳一系即屬丹鼎派。如同符籙派有其信奉的基本經典一樣，丹鼎派也有基本的經典。除了與符籙派一樣尊老子為教主，以《道德經》為其立教的宗旨之外，丹鼎派特別推崇《周易參同契》一書，稱之為『萬古丹經王』。

《周易參同契》的作者是東漢煉丹家魏伯陽。《周易參同契》簡稱《參同契》。《參同契》問世以來，歷代為之作註者甚衆，目前傳世尚有後蜀彭曉《周易參同契分章通真義》三卷；宋朱熹《周易參同契考異》一卷，陳顯微《周易參同契解》三卷，俞琰《周易參同契發揮》三卷，《釋疑》一卷；元陳致虛《周易參同契分章註》三卷；清李光地《參同契章句》一卷等十餘種。

《參同契》原書分為上、中、下三篇。在該書《下篇》的開頭，作者敘述了他的寫作目的：『憂憫後生，好道之倫，隨傍風采，指畫古文，著為圖籍，開示後昆，露見枝條，隱藏本根，托號諸石，覆謬衆文，學者得之，韞櫝終身。子繼父業，孫踵祖先，傳世迷惑，竟無見聞，遂使宦者不仕，農夫失耘，商人棄貨，志士家貧。吾甚傷之，定録此文，字約易思，事省不煩，披列其條，核實可觀，分兩有數，因而相循，故為亂辭，孔竅其門，智者審思，用意參焉。』針對一些好道之徒，對古代聖人文籍隨意穿鑿，致使後世讀者誤入歧途，他的寫作目的就是為了正本清源，讓世人有所遵循，以明道之大要。彭曉《周易參同契分章通真義序》謂其『多以寓言借事，隱顯異文』。從文體形式看，全書採用詩歌、辭賦等多種體裁並用的方式。

其屬四言詩者如：

真人至妙，若有若無。彷佛大淵，乍沉乍浮。退而分佈，各守境隅。（《參同契·上篇》）

為五言詩者如：

歲月將欲訖，毀性傷壽年，形體爲灰土，狀若明窗塵。（《參同契·上篇》）

為騷體辭賦者如：

朱雀翱翔戲兮，飛揚色五彩。遭遇羅網施兮，壓之不得舉。嗷嗷聲甚悲兮，嬰兒之慕母。顛倒就湯鑊兮，摧折傷毛羽。（《參同契·下篇》）

除四言詩、五言詩及騷體辭賦外，書末還附有《鼎器歌》一首，其句式多為三言。在各篇中又出現了一些類似於《易》傳的散體文，如上篇一開頭就說：『乾坤者，《易》之門戶，衆卦之父母。』又說：『天地設位而易行乎其中矣。天地者，乾坤之象也；設位者，列陰陽配合之位也；易謂坎離，坎離者，乾坤二用。』這些句子明顯帶有從《易傳》脱穎而出的痕跡。由此可見，《參同契》在體裁上是各體兼行的，故作者自稱為『亂辭』。

作為一部以描寫煉丹過程、暗示煉丹要領和方法的著作，《參同契》在思維方式上有什麼特點呢？研究的角度不同，由此而得出的結論也將是大相徑庭的。如果僅僅從作品是否塑造了人物形象的標準來衡量它，自然也就談不上形象思維了。問題在於通常所指的形象思維要比塑造人物形象的涵義廣泛得多。我們知道，形象思維，又稱作藝術思維，它是與抽象思維相對而言的，不是直接通過概念、判斷、推理方式進行思考，而是通過具體的形象來表現其審美認識的。不言而喻，《參同契》的思維方式與那些通過故事、情節來塑造形象的作品是有區別的，但我們卻不能因此判定他沒有採用形象思維。試讀下文：

蟾蜍與兔魄，日月氣雙明，蟾蜍視卦節，兔者吐生光。（《參同契·上篇》）

《參同契》的宗旨雖是為了明丹理，但就上面所引的四句來看，它卻不是在進行抽象的說教。

文中的『蟾蜍』、『兔』、『日月』、『氣』及『光』都是具體可感的事物。從整體上看，《參同契》寓『理』於形象之中的思維方式也不是偶然出現的，而是貫穿始終的。大體説來，其形象類型有天體星宿、地上諸物、人體臟象三個方面。

在天體星宿方面，請看下文：

青龍處房六兮，春華震東卯。白虎在昴七兮，秋芒兑西酉。朱雀在張二兮，正陰離南午。三者俱來朝兮，家屬爲親侶。（《參同契・上篇》）

華夏先民在很早的時候就已經注意對天象進行觀察，並且形成了以二十八宿為主體的天體構成模式。這就是東方蒼龍七宿，北方玄武七宿，西方白虎七宿，南方朱雀七宿。上文中所謂之『房』、『昴』、『張』，都是二十八宿中的星宿名，而『青龍』、『白虎』、『朱雀』則是天上方位的代稱，它們不是抽象的概念，而是具有形象性的。需要説明的是，《參同契》這種以『星宿』為要素的形象思維並非獨創。考察一下先秦文學史，我們就能找到類似的例子來。《詩經・召南》有《小星》一首，其云：『嘒彼小星，三五在東。肅肅宵征，夙夜在公，實命不同。嘒彼小星，維參與昴。肅肅宵征，抱衾與裯，實命不猶。』其中的『三五』也就是指西方白虎七宿中的參星與昴星，因參星有三顆，昴星有五顆，故稱『三五』。《古詩十九首》

中的《皎皎明月光》也是一首借星宿以抒情的詩：『皎皎明月光，促織鳴東壁；玉衡指孟冬，衆星何歷歷……南箕北有斗，牽牛不負軛；良無盤石固，虛名復何益。』其中的『玉衡』就是北斗星，因其第五星到第七星構成斗柄之狀而得此名。而所謂『南箕』、『北斗』、『牽牛』則均為二十八星宿之屬。《參同契》以星宿為本原的形象思維顯然與《詩經》之《小星》以及《古詩十九首》之《皎皎明月光》有共同特點。

關於地上諸物。長期以來，古人總是把天與地相對。既然天上諸物象可以被化成形象，那麼地上諸物象自然也就可以了。所以，《參同契》作者的目光也就不僅僅注視在天上。他在觀天的同時，也察視於地：

> 植禾當以黍，覆鷄用其子，以類輔自然，物成易陶冶……燕雀不生鳳，狐兔不乳馬，水流不炎上，火動不潤下。（《參同契·上篇》）

> 自然之所爲兮，非有邪僞道。若山澤氣相蒸兮，興雲而爲雨。泥竭遂成塵兮，火滅化爲土。若蘗染爲黃兮，似藍成綠祖。皮革煮成膠兮，曲蘗化爲酒。同類易施功兮，非種難爲巧。（《參同契·卷下》）

在上兩段引文中，第一段的宗旨在於明『同類相合』之理，但作者並不是從邏輯上進行推論，而是通過對生長在大地上的植物與動物的自然關係之描述來表現的。第二段的宗旨在於明『自然無為』之理，但作者也沒有直接去論證有為的危害性，而只是對大地自然現象的生滅情景加以顯現，其中山澤、雲雨、泥土、火土、皮革、膠、酒等等都是具體的事物。當他們在作者『無為』思想指導下組織起來時，也就成為有序化的自然流動圖。

關於人體臟象。從『天人合一』的立場出發，《參同契》在採擷自然物象的同時，也涉及到人體臟象。例如：

> 道之形象，真一難圖。變而分佈，各自獨居。類如鷄子，白黑相符。縱廣一寸，以為始初。四肢五臟，筋骨乃俱。彌歷十月，脫出其胞。骨弱可卷，肉滑若鉛。（《參同契·中篇》）

從其與下文的關係來看，這一段是為了描繪『道』（即內丹）的形象，但由於它的難於寫狀，作者不得不借助比喻。在作者的心目中內丹的形成也有一個過程，它正像鷄卵化小鷄一樣，又像胎兒的孕育一樣，由混沌到四肢五臟形成，直至降生。

從以上三點可以看出，《參同契》雖然是為了暗示煉丹的方法，呈現其修煉過程，但它主要不是運用那種依靠概念、判斷、推理來展開的抽象思維，而主要是通過具體、可感的形象的組織，從而使讀者心目中逐漸形成修煉模式，在這一點上，它同一般的文藝作品的創作是具有一致性的。

不過，我們也必須看到，《參同契》的形象思維也不能等同於那些以情節、故事為手段塑造形象的作品。作為一部『丹經』，它的形象思維還有其自身的特點。

如果我們從整體上加以把握，可以看出，《參同契》的形象思維賴以建立的諸物象最終可以被轉換成符號性的卦象。在《上篇》中，作者說：

> 八卦佈列曜，運移不失中。元精眇難睹，推度效符證。居則觀其象，準擬其形容。立表以爲範，占候定吉凶。發號順時令，勿失爻動時。上察河圖文，下序地形流，中稽於人情，《參同》考三才。動則循卦節，靜則因象辭，乾坤用施行，天地然後治。
>
> （《參同契·上篇》）

在這裏，作者明確地告訴人們，無論是天象、地形、人情都可以通過卦象來表示。這樣，作者的形象思維也就從表層結構而躍入符號形象結構。因為八卦以及由此而演化出來的六十四卦，儘管有無限的包容性，但它們仍舊是具象的、直觀可感的。運用卦象思維，正像音樂演奏者看五線譜一樣，可以從其符號中得到直接的感受性刺激。而當這種感受性刺激一旦被轉換成形象語言，讀者便會由此獲得不同程度的『感應』。

由於『卦』在《周易》中本來就已形成了別具一格的系統，當它們作為符號系列被引入《參同契》中，一切看起來好像游移着的形象也就在這個系統的作用下統一起來。換句話說，本來各自獨立的天體物象、地上物象、人體臟象通過卦的對應也就被聯結起來，從而構成有序的模式化的總體形象。《參同契·上篇》說：

故易統天心，復卦建始萌。長子繼父體，因母立兆基。消息應鐘律，昇降據斗樞。

文中的『消息』，也就是指復、臨、泰、大壯、夬、乾、姤、遁、否、觀、剥、坤這十二個消滅卦，作者把這些卦按先後順序同『黄鐘律呂』配合起來，以北斗樞星為中心，組成一個環形圖，以表示氣的流行變遷，丹的『轉數』與『火候』之操持。如此一來，天、地、人諸形象也就被凝結於其中。另一方面，煉丹人又可以從卦象的『存想』出發，胸中包羅宇宙萬物，從而形成『天地與我為一』的聯想感受。因此，《參同契》這種符號化的形象思維，又具有系統性、整體性、象徵性、模糊性。這種特性是那些依靠故事、情節來塑造形象的作品所沒有的。總而言之，《周易參同契》的形象思維既與一般文學作品有共同之處，又有區別一般文學作品的個性存在。儘管它的宗旨是煉丹，但在客觀上也具備了一些文學的功能。它的思維方式對後代的煉丹詩賦產生重大影響，因而在道教文學史上佔有比較重要的地位。

隨着《周易參同契》等早期道教原始作品的流行、道教派別的初步分野、煉丹實踐的逐步深入進行，記載煉丹過程和效果的經典大大增加了。從其新出的煉丹經典中，我們看到一個現象：煉丹活動在文學上的反映已從文體雜糅的表述方式發展為煉丹詩。如《黃庭內景經》（簡稱《內經》）以及稍為晚出的《黃庭外景經》（簡稱《外經》）。道徒作經喜歡在題目上加上『真』、『玉』之類，所以《黃庭內景經》和《黃庭外景經》又分別稱為《黃庭內景玉經》與《黃庭外景玉經》，通篇均為七言詩。

煉丹表述在形式上的演進以致形成了篇幅頗長的煉丹詩，這並非偶然。首先，這是道教原始歌謠流行和影響的結果。在原始符籙道教以口口相傳的方式授受《師策文》一類口訣歌謠的前後，丹鼎派道教也以秘密形式在內部傳授有關煉丹的歌謠。在《太清金液神丹經》卷上第十三頁裏録有五百零四字的『經文』，即是一首頗為早期丹鼎派所重視的歌謠。其略云：

六一合和相須成，黃金鮮光入華池。名曰金液生羽衣，千變萬化無不宜。雲華龍膏有八威，卻辟衆精與魑魅。津入朱兒乃騰飛，所有奉祠醜未衰。受我神言宜見迎，九老九炁相扶持。千年之鳥水人亡，用汝求生又所禳。太上景電必來降，玄氣徘徊爲我用。委帛襜襜相繾綣，使汝畫一金玉斷。弗尊强趣命必隕，神言之教務笑弄。受經佩身焉可放，乘雲豁豁常如夢。

《太清金液神丹經》卷上在抄録了這首歌謠之後註説：「此《太清金液神丹經》，本上古書，不可解，陰君作漢字，顯出之。」所謂「陰君」，就是陰長生。據《仙苑編珠》卷下載，陰君為新野人，東漢和帝（公元八八——一〇五年）在位）陰皇后之高祖，雖生於富貴之家，而喜務道術，聞馬鳴生得神仙之道，師事之，執奴僕之役。鳴生不教以道法，只高談世事，凡十餘載。同窗十二人悉辭歸，獨陰長生執禮更謹。二十年後，鳴生携之入青城山，授《太清神丹經》，乃入武當山石室中合丹，並作黄金十數萬斤，施濟貧乏，妻相隨，後往平都山，白日昇天，嘗著《丹經》九篇云云。儘管這個記載多有附會，但可以看出，煉丹歌謠卻是由來已久。很可能在東漢以前，方士們為了向後學秘密授煉丹要領，即已運用了歌謠的形式。東漢中末期以來，出於煉丹實踐的需要，道人們又加以整飭、變形，遂有五百零四字七言歌謠的秘行；而由於這種體裁新穎，便成為魏晉時代道教造經者的借鑑。

其次是出於道教誦經活動的需要。道教自創立起就要求教徒誦經，開頭誦的是《老子五千文》之類。而後，誦經的内容逐漸增加。曾積極傳播煉丹詩重要代表作《黄庭内景經》的上清派和靈寶派對誦經是十分提倡的。上清派的主要經典之一的《上清大洞真經·序》說：『能長齋，絶志人間，誦《玉篇》（指《太洞玉經》）於曲室，叩瓊音以震靈，則真人定籙於東華，七玄更潤於紫房，制魔王以威神，攝五帝以衛身。萬遍周而肉身飛，七轉召而司命至。此大洞之奇章，……當苦齋三年，乃得讀之。誦咏此章萬遍即畢，中央黃老道君上奏太上，命丹飈綠蓋之車，九靈使者，太乙司命來迎於子。』渴望天上神仙在聽到誦經聲之後，以十分神速的交通工具，迎至天際。這當然是遐想，但不難看出，上清一派以為誦經的次數越多，效果就越佳。靈寶派也有這種思想。《太上老君說常清静妙經》第二頁稱：『左玄真人曰：學道之士，持誦此經者，即得十天善神，擁護其人，然後玉符保神，金液煉形，形神俱妙，與道合真。』以詩歌的形式寫作經文，無疑更能方便道人誦經修行；而道教煉丹詩亦同樣用於諷誦活動中。《黃庭内景經·上清章》云：

上清紫霞虛皇前，太上大道玉宸君。閒居蕊珠作七言，散化五形變萬神。是爲黃庭曰内篇，琴心三叠舞胎仙。九氣映明出霄間，神蓋童子生紫煙。是曰玉書可精研，咏之萬遍昇三天。

這經文作為煉内丹的遵循，要求誦咏。因為誦咏即是一種語詞導引，可起到活脈通絡、培補氣血的功用。至於煉外丹的詩作，往往也要求熟讀誦咏。如《太清金液神丹經》卷上所録五百零四字歌謠謂：

金液丹華是天經，泰清神仙諒分明。當立精誠乃可營，玩之不休必長生。

所謂『玩』就是玩味，包括誦咏、思考、回味等。煉丹，在道教中一向被當作十分隱祕的事。作丹書者一方面怕失傳，另一方面又怕洩漏『天機』，於是只好以秘訣的形式出現，以便學丹者能誦讀之時體會其意。誦讀的需要也是文體雜糅的煉丹表述向煉丹詩演進的一個重要原因。

在魏晉時期，以煉丹為題材的詩作散見於當時傳世的各種丹經之中。不過，最主要的便是『黃庭内外景經』。限於篇幅，我們就不對其作具體介紹和分析了。下面簡略介紹《黃庭經》詩作的藝術特色。

從思維的特點上看，《黃庭經》也是沿着《參同契》的軌跡發展起來的。不言而喻，作為以詩作寫成的作品，《黃庭經》對内丹的描寫也是具象性的。與《參同契》一樣，在其行文中所出現的意象不僅有符號的功能。而且也構成了一個有序的整體。所不同的是，《參同契》聯結諸意象的鏈條是《易》之卦，而《黃庭經》用以聯結諸意象的鏈條則是人體器官組纖的名稱。在形象思維的具體運用上，《黃庭經》也表現出與《參同契》不同的特點。概括起來，有以下兩點。

一是意象創造具有明顯的虛幻性傾向。雖然《黃庭經》也以天、地、人諸物象作為作品意象的來源，但它又在這個基礎上將諸物象神化，從而形成了一個系統的神靈意象羣：

> 心神丹元字守靈，肺神皓華字虛成，肝神龍煙字含明，翳鬱道煙主濁清。腎神玄冥字育英，脾神常在字魂停，膽神龍曜字威明，六府（腑）五藏（臟）神體精，皆在心內運天經，晝夜存之自長生。（《黃庭內景經·心神章》）

如果從修辭上看，這首詩的藝術性是較差的，在字面上呈現給讀者的只是一些神的名字，看起來並沒有多少形象性。問題在於作者羅列了一大堆神的名稱，是從煉丹的存想過程着眼的。其最後一句「晝夜存之」便表明了這種意圖。而存想實際上就是一個聯想或想像的過程。在這個過程裏，存想者竭力張開形象思維的翅膀。在熾烈的宗教情感的驅使下，存想者可以「上天」，可以「入地」，可以同鬼神「交感」，又可以把體外的神請來，讓它們進入體內。我們看看有關存想的一些描述就可以明白這一點。《三十九章經》在談到存想「太微小童」時說：

讀高上虛皇君道經，當思太微小童千景精，真氣赤色，煥煥從兆泥丸中入，下佈兆身，舌本之下，血液之府。（《雲笈七籤》卷四十二）

在談到存想「無英公子」時說：

讀上皇先生紫晨君道經，當思左無英公子玄元叔，真氣玉光奕奕，從兆泥丸中入，下佈兆左腋之下，肝之後户，畢微祝曰：「無英神真生紫皇，三氣混合成宫商。招引真氣鎮膀胱，運流三丹會洞房。爲我致仙變丹容，飛昇雲館入金墉。」（《雲笈七籤》卷四十二）

這就説明，道教中人在讀經之前，是先進行了一番存想準備的，而所思所想就是經文中提到的那些神的模樣和神的「運動」。存想是道教修煉的一種方式，同時也是道徒們造作經書的一種方法。讀了《三十九章經》有關存想的描述之後，我們再回過頭來看看《内景經·心神章》便可明白那些神的名字實際上正是神的形象的代號。這些代號是作者在存想中創造出來的。它們既可以刺激後來修行者對神的形象的聯想，又可以引起修行者對自身五臟六腑的内部感受性的增强。

二是意象的運用帶有更為隱晦的含義。《黃庭經》的本意在於暗示內丹功法。這種暗示是建立在人體經絡的描述基礎上的。不過，作者的描述並不是直接性的，而是通過那些具有媒介作用的意象的組合而呈現出來的。例如：

嬌女窈窕翳霄暉，重堂煥煥揚八威。天庭地關列斧斤，靈臺盤固永不衰。（《黃庭內景經·黃庭章》）

閉塞三關握固停，含漱金醴吞玉英。遂至不饑三蟲亡，心意常和致忻昌。五嶽之雲氣彭亨，保灌玉旁以自償，五形完堅無災殃。（《黃庭內景經·脾長章》）

如果從字面上看，這兩首詩好像都是描寫景物的。從第一首中，我們所得到的直接感受是有關宮廷的情景。在那個深宮裏有窈窕淑女翩翩起舞，有披掛將士手持兵器，坐陣護衛。但是，只要我們從道教名詞術語上進行分析，就會看出在表面的景物描寫背後，還有一層更深的含義。根據道教的傳統解釋，所謂「淑女」便是人體耳朵的代稱，「重堂」指喉嚨，「天庭」指兩眉之間，「靈臺」就是心臟。由於主要的意象都具有隱說之義，表層的圖景也就潛藏着一幅人體器官氣血運行的『内景』。第二首也同樣是通過隱説的手法來表述的。如果我們没有弄清作者的寫作意圖，只是單純從作品語詞的直接意義上來欣賞和思考，很可能還會以為作品表現的是一個煉形人喝酒觀光的情形。然而，正如第一首一樣，那些主要的意象又都有特殊的引伸意義。如『三關』一詞，一般指天關、地關、人關，道人們又把它們引伸為口、手、足，以及臍下三寸之『關元』；而『金醴』本指甜酒，『玉英』本指精美之玉，在《黄庭内景經》中均被用以表示口中的津液；五嶽本指東西南北中的五座大山，這裏被用以表示五臟。《黄庭經》意象隱説的動力關係基本上是建立在内景之物象與外在之物象具有相似點這一基礎上的，如喉嚨管道由許多軟骨相叠着，好像是重叠着的樓房一樣，所以稱作『重堂』或『十二重樓』；又如『金液』與口中的津液都是液體，具有流動性，味甘美，所以能够引起聯想，達到譬喻隱説的目的。不過，也必須看到，《黄庭經》隱晦性意象的運用也並不都能够形成兩物間的『動力定型』，也就是説，作者並没有在任何場合都能根據隱説本體（被譬喻或擬指的本來事物）的特點來選擇和組織意象，故而讀起來往往有生硬的感覺。同時《黄庭經》還使用了許多偏僻的、比較抽象的術語。因此，其藝術魅力也就不强，後人在進行解釋時也有不少穿鑿附會之説，這是我們應當加以注意的一個問題。

魏晉南北朝時期，與煉丹詩相伴而隨的是道教咒語的不斷創新和廣為流傳。咒語本是一種祝告之辭，是人們感情激烈活動時的呼號或内訴形式。《後漢書·王忳傳》

載：『忳咒曰：有何枉狀，可前求理乎？』這裏的『咒』即為告。咒不僅具告之義，並且與『祝』通。如《神祝文訣》說：『天上有常神聖要語，時下授人以言，用使神吏應氣而往來也。人民得之，謂為神咒也。』（《太平經合校》第一百八十一頁）這就表明了祝告便是咒的本來意義。

祝一開始即被賦以致善去惡的雙重功用。口念祝辭，希望善神的降臨，這是其致善的職能；然而，古人求善神的降臨，其目的還包括去惡。而要驅除邪惡妖氛，在先民的心目中，這需要激烈且帶有命令口吻的言辭，於是發誓、詛咒，祝辭成為咒語。如《山海經·大荒北經》中的求雨令曰：

神北行！
先除水道！
決通溝瀆！

此令即是一種咒語，其語氣斬釘截鐵，鏗鏘有力，句式乃三言與四言兼而有之。隨着祝告活動的頻繁展開和詩歌的風行，咒語逐步向有固定節奏和勻稱句式的方向發展，於是有了四言體和五言體的咒語。這些形式在道教開創之初即被襲用。魏晉南北朝時期，咒語作為一種獨特的方術更加受到道教中人的重視。他們一面繼承，另一方面仿造和創新。隨着道經的迅速增加，新的咒語也大量造作出來。其影響較大的有真文咒、三皇咒、洞淵咒和上清咒。從文體上看，多為四言體。例如『真文咒』(『真文』共五篇，故一般稱《五篇真文》，係按東西南北中五方結構編排的)：

東方九炁青天真文：

東方九炁，始皇青天，碧霞鬱壘，中有老人，總校圖録，攝炁舉仙。

南方三炁丹天真文：

南方丹天，赤帝玉堂，中有大神，號曰赤皇，上炎流煙，三炁勃光，神仙受命，應運太陽。

中央黃天真文：

中央總靈，黃上天元，始生五老，中皇高尊，攝炁監真，總領羣仙，典圖玄圖，宿簡玉文，推運促炁，普告萬神。

西方七炁素天真文：

西方素天，白帝七門，金靈皓映，太華流氣，白石峨峨，七炁氤氳。上有始生，皇老大神，總領肺炁，主校九天，檢定圖籙，制召上仙。

北方五炁玄天真文：

北方玄天，五炁徘徊，中有黑帝，雙皇太微，總領符命，仙煉八威，青裙羽襬，龍文鳳衣，上帝所舉，制到玉階。（《無上秘要》卷二十四）

「三皇」即天皇、地皇、人皇，三皇咒如：

紫微大帝，北極天神，……八洞天丁，五嶽獰兵，大統大將，水火九靈，七曜七宿，黑殺天蓬，……天英天直，四殺黃君，天心天內（芮），天輔天冲，南靈神將，寶印奉行，九土童子，鬼王天真，天柱天時，天壬天丁，二十八宿，十二時將軍，月直使者，日直神童，隨法隨敕，入吾印中。急急如律令。

（《太清金闕玉華仙書八極神童三皇內秘文》卷上）

從咒語主幹及其系統的發展概略可以看出，這一時期咒語的一個鮮明特點是反映了神團的確立及其組織形式。如真文咒崇奉青、赤、白、黑、黃五帝，以五行理論作為其組織模式的基礎。三皇咒崇奉天皇、地皇、人皇，以『三才』（即天、地、人）之道為基礎。在各主幹咒語模式中，道教中人分別排定了天神、地祇的座次，形成了一定的等級。

道教咒語中具有不少神仙鬼怪觀念，這是由其宗教的根本立場所決定的。出於對生的强烈追求和對死的恐懼，道教中人幻想成為神仙，並力圖通過咒語的施行來達到這種目的，這當然只是一種未能實現的假設而已。其中所包含着的封建性糟粕是應當給予去除的。不過，也應該看到，道教以咒語『召神刻鬼』的活動又是與消災解難、避禍求福的願望直接相連的。因此，在描寫神仙鬼怪的字裏行間往往夾雜着對現實天災人禍的控訴，在一定程度上表現了道教對當時現實世界部分醜惡現象的揭露。如《太上洞淵神咒經》卷一云：

五濁之世，世官撓急，不矜下人，下人呼嗟，萬民懷怨，天下悠悠，日月失度，五穀不成，人多流亡，大水皆起。

這分明是把矛頭對準了貪官污吏，是咒語因何借助神威的最好註脚。由於天災人禍的流行，人們感到自身能力的不足，於是幻想出一些天神地祇，以作為戰勝天災人禍邪惡勢力的象徵。魏晉南北朝的咒語，同時也涉及到道教中人養性延年的某些經驗。道教要祛病消災，為此進行了一系列活動，但這並不是目的。消災祛病僅僅是起步，若這一階段性的願望能够初步實現，道教自然就會提出更高的要求，這就是延年益壽甚至長生不死。於是養生的活動也在咒語中得到部分反映。如《大洞玉經》卷下的《太玄真人咒》，就是一篇把神靈觀念同養生經驗相結合的範例。略云：

日月星曜，光暎目精。風雲煙霞，氣息混凝。川池海波，血液津精。五臟六府(腑)，面部身形。胞胎結節，各有神靈。求之不見，呼之斯應，……我呼我神，常令惺惺。如睡斯覺，如醉斯醒。虛寧㲉神，混合五行。九十七相，放大光明。死户之炁，自然更生。祖炁四潤，孫枝敷榮。冢訟罷對，冤債無徵。普渡天人，妙行圓成。大洞之富，萬寶充盈。大洞之貴，仙位高登。車回畢道，太微上清。

這篇咒語從日月星辰的意象排列入手，進而述及五臟六腑，通過虛靜諧調的語詞導引，力圖達到妙行圓成的境界，表現了『以神率氣』的煉養思想，頗有點像《黄庭經》一類煉丹詩的韻味。像這類咒語在其他道經中亦多有收録。可見，通過咒語，以自我催眠，調理氣血，這在魏晉南北朝期間已成為普遍的現象。

就藝術的角度而言，魏晉南北朝的一部分咒語與原始咒語具有某些共同點，這就是通過自然音的震動而傳播信息。道教中人一方面從傳統中接受了關於運用語言魔力的法術；另一方面，又在自己的修道過程中觀察了風吼、雷鳴、海嘯以及各種動物的呼號形式，發現了這類聲音的傳播足以引起某種共鳴，於是予以模仿，似乎通過類似的聲音便可複製或引起某種現象，達到某種目的。這種在模仿特殊自然音基礎上發展起來的咒語，一般地説，節奏都比較明快，聲調往往回環反復。所以，施行者可以在神秘狀態下借此以達到意念集中的效果。

當然，我們並不是説這一時期的一切咒語都是對自然聲或自然節奏的模擬。事實上，當道徒們把自己的身心『交付』給神的時候，他們完全可能依據自己或他人、他物的面貌幻化出一個或多個精神影像，並將這種影像當作主宰者，在内心深處形成了自我與影像的對話並出現種種存想圖式。在這種極端神秘的精神生活過程中，道徒們也會製作出咒語來。這種咒語在他們看來乃是神仙的啟示。在這個過程中所産生的咒語的藝術性之高低，與道徒們本來的文化素養高低成正比。所以，如同其他文學形式一樣，咒語也有優劣之别。有一部分咒語具有一定的藝術性，而有些咒語則往往不太注意文學方面的潤飾加工，因而顯得粗糙，甚至枯燥乏味。不過，有一點卻值得注意，這就是它們都積澱着較為濃厚的宗教情感，隱藏着製作者內心深處的喜怒哀樂，以及某種追求的熱切態度或者對事物某現象的厭惡情緒。如《上清大洞真經》卷一《入户咒》：

天朗炁清，三光洞明。金房玉室，五芝寶生。玄雲紫蓋，來映我身。仙童玉女，爲我致靈。九炁齊景，三光同軿。上乘紫蓋，昇入帝庭。

這篇咒語所提供的意象雖然是存想的一種幻覺，但卻反映了道教中人在煉氣時對清爽、光明的追求。咒語中『我』字的兩次出現，可知這裏的意象完全是『我』的內心情感的寄托。在存想之中，一切都是美好的，天高氣爽，日月星光普照，這時的『我』置身於『金房玉室』之內，周圍都是靈芝仙草。『我』乘雲駕霧，進入了『天庭』。這顯然是將個人願望化於想像的情景之中了。

在魏晉南北朝道教咒語中，有一部分作品所塑造的形象具有一定的道德色彩。例如《太上洞淵神咒經》卷十二《三天真王說消除瘟疫星宿變度神咒》：

景星中王，威震九天，金虎蔽日，飛龍繞乾，黃神秉鉞，綠齒揚鞭。璣衡五斗，平調七元，收捕九醜，殺滅六天，手持三景，足躡九玄。八威吐毒，天丁導前，討察妖精，道著九泉，十天保國，萬有安全。

作品中呈現了神與鬼的對立。在作者看來，神是善的象徵，鬼是惡的代表。作者對天神是熱情歌頌的，天神具有無比的威力。景星之王，足以震動九重天，而金虎（白帝）、飛龍（青帝）、黃神（黃帝）皆執兵器，顯示出一派戰無不勝的氣概。相反，對於代表邪惡的『九醜鬼』、『妖精』，作者則大加詛咒，斷定它們必將被天神所收捕和討伐，最後落入地獄。由此可見，作者愛與恨是何等的分明。

此外，這一時期的咒語，還有一些作品比較注意氣氛的渲染，力圖使作用對象的主體盡可能感受到咒語意境，喚起對經驗的回憶。在《太上洞淵神咒經》卷十二中有這樣一篇咒語：

……毒龍擲火，烏毋（當作『烏母』）持瓶，召攝六鄷，馘斬鬼形。阿那振鼓，神霄建鈴，玃天持斧，長牙佈纓，束縛風火，討捕妖精，收録光景，不限姓名，六天故炁，何逆不平，五帝符告，金馬驛程。急急一如，太上律令。

作品中表現的雖然是天神殺惡鬼的戰鬥場面，但充滿了現實戰爭的描寫。烈火騰焰，戰鼓震天，火鈴纓斧，一齊用上，戰鬥激烈，扣人心弦。

氣氛的渲染也表現在咒語的使用過程中，道教使用咒語的場合不一，形式也多樣，有集體式，有個體式等等。在個人修煉時，咒語的使用往往與存想相結合。忽而念咒，忽而想像神的降臨等情景。這種想像可以看作內在氣氛的渲染。如由真文咒發展起來的《上清太霄隱書元真洞飛二景經》就反映了咒語與存想交替進行的過程。先是存咒，念高上玉皇帝君，乞除七祖以來下及己身所行陰惡無道、殺生淫漫等罪過，進行一番心靈懺悔；接着便想像北方辰星真皇道君，著紫錦飛裙，腰帶虎符，首建華冠，乘錦霞飛雲玉輿，跟隨十二仙宮，從北方來，下降覆己身，光色蓊藹，煥赫精芒；爾後又施咒，念北上真皇。咒畢，又依次存想東方歲星形象，施東方歲星咒；存想南方熒惑星真君，施南方咒；存想西方太白星真皇君，施西方咒；存想中央鎮星真皇君，施中央咒。這種存想雖然是以五方結構為框架的，神的衣著也是按五行思想來設計的，但卻製造了一種宗教氣氛，加強了咒語的效果。

魏晉南北朝時，隨着道教的發展，「遊仙詩」和「步虛詞」相繼出現。不僅道教中人創作遊仙詩，文人亦相繼創作遊仙詩，蔚然成一代詩風，我國第一部文學作品選集——梁朝蕭統所編的《文選》列「遊仙詩」為文學體裁之一。其詩體多為五言詩，或十句，或十二句，或十四句，或十六句不等。步虛詞是道教文學獨有的一種文學體裁，其詩體多五言，四句、八句或十二句不等。在這一點上，它同遊仙詩頗為類似，堪稱遊仙詩的『孿生姐妹』。所謂『孿生』，除了形式外表有類似之處外，很重要的一個含義就在於他們具有相同的『血緣關係』。這種血緣關係體現在：遊仙詩源於漢代之前的歌賦，步虛詞也是在此基礎上發展起來的。所不同的是，步虛詞與歌賦更有直接的關係。關於遊仙詩和步虛詞，我們將在後面作專門的介紹。

在魏晉南北朝時期，作為演唱之用的道教文學體裁，除了步虛詞以外，還有『玄歌』、『變文』。敦煌寫本《老子化胡經》卷十收有玄歌、變文多篇。《老子化胡經》，傳為西晉道士王浮所作。原書本一卷，後世道徒加以增益，遂衍為十一卷。從現存殘本卷十所涉史實看，其中的玄歌、變文當出於南北朝時期，所謂玄歌就是『玄道』之歌。其源蓋出於《老子》『玄之又玄，衆妙之門』。從形式上看，玄歌當屬歌謠一類，其產生可能與魏晉間流行的仙歌道曲有一定的聯繫。在上清派中廣為流傳的茅君傳説已有『玄雲之曲』的名稱。《無上秘要》卷二十引《道跡經》云：

西王母爲茅盈作樂，命侍女王上華彈八琅之璈，又命侍女董雙成吹雲和之笙，又命侍女石公子擊昆庭之金，又命侍女許飛瓊鼓震靈之璜，又命侍女琬絶青拊吾陵之石，又命侍女範成君拍洞陽之磬，又命侍女段安香作纏便之鈞。於是衆聲徹合，靈音駭空，王母命侍女于善賓、李龍孫歌玄雲之曲。其辭曰：大象雖雲寥，我把九天户。披雲泛八景，倏忽適下土。大帝唱扶宫，何悟風塵勞。

文中所言仙人奏樂之事，當屬傳奇之説，可以置之不論。但值得我們注意的是，其中所引『玄雲之曲』詞乃是五言，並且以第一人稱的形式來歌咏，而《老子化胡經》卷十中的『玄歌』亦為五言，也是以第一人稱寫的。『玄雲之曲』已經述及人間風塵之苦，包含有悲劇意識，而《老子化胡經》卷十中更有《尹哀嘆》、《太上皇老哀歌》，低咏人間之慘狀。就此而言，『玄歌』與『玄雲之曲』有共同之處，可能也有淵源關係。從思想上看，玄歌的産生顯然與道、佛之融合與鬥爭有密切關係。《化胡歌》第一首云：

我往化胡時，頭戴通天威。金紫照虚空，焰焰有光暉。胡王心憒戾，不尊我爲師。吾作變通力，要之出神威。麾月使東走，須彌而西頽。足蹹乾坤橋，日月左右回。天地晝暗昏，星辰更差馳。衆災竟地起，良醫絶不如。胡王心怖怕，叉手向吾啼。作大慈悲教，化之漸微微。落簪去一食，右肩不著衣。男曰憂婆塞，女曰憂婆夷。化胡今賓服，遊神於紫微。

（《先秦漢魏晉南北朝詩》下册）

又如第五首云：

我昔化胡時，西登太白山。修身巖石裏，四向集諸仙。玉女檐漿酪，仙人歌玉文。天龍翼從後，白虎口馳崩。玄武負鐘鼓，朱雀持幢幡。化胡成佛道，丈六金剛身。時與決口教，後當存經文。吾昇九天後，克木作吾身。

（《先秦漢魏晉南北朝詩》下册）

歌中的『我』是模擬老子的口吻説的。而『胡』本指中國北部與西部各少數民族，這裏指中國境外的西北部國家。『化胡成佛道』，就是説老子西遊化胡人成佛，佛乃是道教的弟子。由此可見，《老子化胡經》裏的《化胡歌》即是佛、道二教鬥爭背景下的産物，同時也是道教為了提高自己的地位，擴大影響所進行的一種宣傳形式。《化胡歌》寫胡王不尊老子為師，這説明道教在與佛教抗争中遇到了困難。不過，作為一種宣傳品，《化胡歌》更多的是為了顯示老子的『神通』，從而達到争取道徒的目的。所以，作品反覆對老子的威風大加渲染。為了突出其『崇高』地位，《化胡歌》的作者還通過種種襯托的辦法來增强感染力。作者一方面虛構了胡王恐懼、哭啼、賓服的情節，另一方面他又展現老子西遊時仙官玉女隨行歌咏的景象。就主題而言，這種張揚道法的玄歌，固然沒有什麼深刻的思想意義，但就其形式而言，卻有一定的價值。作品宣教並不是以說理為主，而是通過老子的現身說法來進行的，它將以往的許多老子故事串通起來，根據具體需要，穿插敘述，因而已具備了敘事詩的一些特徵。

《老子化胡經》卷十還載有《老君十六變詞》十八首，這當屬於變文一類。變文雖稱為『文』，但這並不是純粹的散文。適應了講唱的需要，變化往往是韻、散結合。當然，就具體篇目而論，有的以散文為主；有的以韻文為主；有的則純粹是韻文，如《老君十六變詞》便是純韻文。從其描述老君神變的特點看，《老君十六變詞》也具備了敘事詩的基本品格：

一變之時，生在南方亦如火，出胎墮地能獨立。合口誦經聲瓅瓅，眼中淚出珠子碟。父母世間驚怪我，復畏寒凍來結果，身著天衣誰知我。

二變之時，生在西嶽在漢川，寄生王家練精神。出胎墮地誰語言，晃晃昱昱似金銀。三十六色綺羅文，國王歡喜會羣臣。英儒雅士平論（缺一字），忽然變化作大人，髮眉皓白頭柱天。

三變之時，變形易體在北方，出胎墮地能居牀 合口（原缺口字）誦經聲琅琅，額上三午十二行。兩手不門把文章。配名天地厚陰陽，從石入金快翱翔。

四變之時，生在東方身青葱，出胎墮地能瞳舂。合口誦經聲雍雍，白日母抱夜乘龍。崑崙山上或西東，上天入地登虛空。仙人侍從數萬重，當此之時神旡通。五變之時，生在中都在洛川，嵩高少室嶺嶺巔。中央修福十萬年，教授仙人數萬千。齊得昇天入青雲，降鑒周室八百年。運終數盡向罽賓，化胡成佛還東秦，敷楊（「楊」疑爲「揚」）道教整天文。（《先秦漢魏晉南北朝詩》下册）

《老君十六變詞》是按照方位的變更來組織情節的，其場所轉換的依據即《易》的九宮八卦方位。八卦代表八方，輪轉兩周，便有十六變詞。最後兩首套用晉代丁令威歌等，以示一世（五百年為一世）終了，一世反歸之意。

在形象塑造方面，《老君十六變詞》也有值得注意之處。如其十三變：

十三變之時，變形易體在罽賓，從天而下無根元。號作彌勒金剛身，胡人不識舉邪神。興兵動衆圍聖人，積薪國北燒老君。太上慈愍憐衆生，漸漸誘進説法輪，剔其鬚髮作道人。横被無領涅槃僧，蒙頭著領待老君。手捉錫杖驚地蟲，卧便思神起誦經。佛旡錯亂欲東秦，夢應明帝張愢迎，白象馱經詣洛城。漢家立子無人情，捨家父母習沙門，亦無至心逃避兵，不玩道法貪治生。搦心不堅還俗經，八萬四千應罪緣，破塔懷（『懷』當作『壞』）廟誅道人，打壞銅像削取金，未榮（『榮』當作『容』）幾時還造新，雖得存立帝恐心。（《先秦漢魏晉南北朝詩》下册）

在這一變中，作者描述老君變易變相，化為彌勒金剛，由天而下，可是胡人卻不識其真面目，反而興師動衆，把聖人圍起來，並用火燒他。老君對胡人的這些行為不僅不計較，而且還生了憐憫之心，啟發誘導，終於度化了胡人，使他們削去頭髮，剔去鬍鬚，成為道人。這類故事當然是子虛烏有，捏造出來的，但這對於老君形象的塑造而言，則有較好的鋪墊作用。作者始終把老君作為尊神來刻畫，而對於後世的沙門弟子，作者則把他們同彌勒、金剛區別開來，不時地譏諷那些所謂離了道法的沙門弟子，這雖然是宗教立場的表現，藉措詞的情感性和褒貶的傾向性，無疑使『老君』的形象因之更加突出。

中國的第一部神仙傳記是《列仙傳》。《列仙傳》舊題漢劉向撰，近人認定：為東漢時方士托名劉向所作。書中記載赤松子、寧封子、黃帝、老子、吕尚、東方朔等神仙七十二人，或說七十四人。神仙思想是道教的淵源之一，因此《列仙傳》在道教中也很有影響。後來道教中人自撰仙傳，如東晉葛洪之《神仙傳》等。從《列仙傳》，我們也可以考見漢代神仙故事的若干片斷，其中不少故事，或者由後人寫成小説或戲曲，或者成為人所熟知的文學典故。葛洪寫《神仙傳》的目的是證明『仙化可得，不死可學』。（《神仙傳·序》）《神仙傳》計十卷，記載自廣成子、老子至晉郭璞等九十二人（其中二人附於傳中，實為九十四人）的神仙故事，除個別篇目與《列仙傳》同外，其他都是葛洪新立的，即使是那些與《列仙傳》相同的篇目，葛洪也增加了不少新材料。他認為：『劉向所述，殊甚簡略，美事不舉』。（《神仙傳·序》）自稱其資料得之仙經、服食方、及百家之書，先師所説，耆儒所論。從藝術上看，《神仙傳》對神仙故事的描寫不再滿足於簡單記録，而更注重於細節描寫，比如老子，《列仙傳》所記不過百字，而《神仙傳》充實到近二千字，老子過關一事，《神仙傳》加入徐甲故事，描述老子給徐甲『太玄清生符』而使其長壽至二百餘歲，收符徐甲成枯骨，投符徐甲而更生，以及老子傳尹喜道術等等細節，使事蹟更為神奇、曲折。它以簡練的語言，描述完整的故事，也善於將衆多的神奇故事，有條不紊、靈活自如地融於篇中。有些篇章寫人物狀貌栩栩如生，人物對話、活動各有情趣。《漢武帝内傳》是一部很著名的神話，描寫漢武帝見西王母的故事。陳國符先生考證認為該書中的韻文於漢代出世。（陳國符《中國外丹黃白法經訣出世朝代考》，載《道藏源流續考》）《漢武帝内傳》中西王母、上元夫人及漢武帝這三個人物形象都是比較鮮明的，個性特徵也比較突出。同《神仙傳》比起來，《漢武帝内傳》已經比較注意刻畫人物性格特徵，並且加强了文學的描寫手段，文字也比較生動，有些段落寫得頗為細膩，駢偶化的傾向比較明顯，是魏晉南北朝時期寫得比較成功的神仙傳記。魏晉南北朝間，還有《三茅真君傳》、《洞仙傳》等在道門中也有一定的影響。

隋唐五代北宋，各道派進一步壯大，教理的探討進一步深入，其影響遍及全國，道教文學隨之豐富起來。神仙題材成為唐詩主要門類之一。唐代的神仙詩直接影響宋代，宋詞空前繁榮，其詞牌多與道教神仙故事有關，如《瑶池宴》、《望仙門》、《天仙子》等等。唐宋時期，道教文學中還有一種文體——『青詞』，又稱『緑章』，因書寫在青藤紙上而得名。唐宋之後，道人、朝官、文人多作青詞。有些官吏甚至由於精通青詞的寫作而高陞，如顧鼎成、袁煒、嚴嵩等，先後皆以青詞得寵，故有『青詞宰相』之譏。宋代步虚詞仍盛，名作佳句不絶。南宋金初，戰爭的災難激發了新道派的興起，太一道、真大道、全真道相繼創立。有元一代，統治者仍然推行崇道政策，道教從而走向新的發展時期。因此，反映新道派思想傾向、描述其歷史活動的文學作品劇增，從而把道教文學推向新階段。隨着大一統政治統治的加强，元成宗後，各道派產生了新的分化和合併，最終形成兩大道派，正一道與全真道並駕齊驅。適應這種變化，反映這兩大道派的活動成為此後道教文學的主流。明清時期，隨着道教與儒、佛以及其他民間宗教的融合趨勢的增强，道教文學也隨之發生了新的變遷。這期間的道教文學更加世俗化和蕪雜化了。由此表明，道教文學的發展同道教教派的興衰，以及道教活動的變遷之關係是最為密切的，如同形影一般。

中國文學史上相當數量的道教文學作品，儘管以宣傳道教教義和反映道教生活為内容，由於許多作品寄托着作者的憂國憂民的思想，曲折地反映人民生活的艱難困苦，以及對理想生活的追求。因此，在中國文學史和中國道教史上都佔有一定的地位。

在我們對道教文學史作了簡要介紹後，下面就擇要地介紹道教文學。

二、道教遊仙詩

所謂遊仙詩，就是抒寫神仙漫遊之情的詩歌。遊仙詩多為五言，詩句有十句、十二句、十四句和十六句不等。其類型人們作過種種劃分。或從作者思想傾向出發，以富貴者而遊仙，為遊仙詩之正體，以坎坷者而遊仙，為遊仙詩之變體；或從遊仙的表現形式出發，以作者同神仙共遊為古體，作者不在內，僅神仙自遊為近體。遊仙詩的特點是『皆所以滓穢塵網，錙銖纓紱，餐霞倒影，餌玉玄都』。（蕭統《文選》卷二十一）就是狀寫擺脱塵俗，一心修道的情懷和神仙生活的。

遊仙詩源於漢代以前的歌賦。早在《楚辭》中就有抒寫仙人輕舉登霞的篇章。如《遠遊》篇云：

載營魄而登霞兮，掩浮雲而上征。命天閽其開關兮，排閶闔而望予。召豐隆使先導兮，問大微之所居。集重陽入帝宮兮，造旬始而觀清都。朝發軔於太儀兮，夕始臨乎於微閭。屯餘車之萬乘兮，紛容與而並馳；駕八龍之婉婉兮，載雲旗之逶蛇。建雄虹之彩旄兮，五色雜而炫耀；服偃蹇以低昂兮，驂連蜷以驕驁。騎膠葛以雜亂兮，斑漫衍而方行；撰余轡而正策兮，吾將過乎句芒。歷太皓以右轉兮，前飛廉以啓路；陽杲杲其未光兮，凌天地以徑度。風伯爲先驅兮，氛埃辟而清涼；鳳凰翼其承旗兮，遇蓐收乎西皇。攬慧星以爲旍兮，舉斗柄以爲麾；叛陸離其上下兮，遊驚霧之流波。時曖曃其曭莽兮，召玄武而奔屬；後文昌使掌行兮，選署衆神以並轂。路曼曼其修遠兮，徐弭節而高厲；左雨師使徑待兮，右雷公而爲衛。欲度世以忘歸兮，意恣睢以擔撟；內欣欣而自美兮，聊愉娛以淫樂。

作者將古老仙話傳說詩歌化，通過『遊』的描寫以表現逍遙境界，抒發內心的憂思情緒，初具遊仙詩的雛形。到了秦朝，秦始皇好仙，曾『使博士為《仙真人詩》，及行所遊天下，傳令樂人歌弦之』。（《史記·秦始皇本紀》）繼此之後，漢樂府中，亦有反映神仙思想的作品，如十九首郊廟歌中的《日出入》和《天馬》都表達了暢遊太空的理想。不過，作為一種成熟的體裁，遊仙詩的流行則是漢代以後的事。魏晉時期，不僅道教中人創作遊仙詩，文人也相繼創作遊仙詩，蔚然成一代詩風。遊仙詩的風行，受到了文論家們的矚目。我國第一部文學作品選集《文選》列『遊仙』為文學體裁之一。劉勰在《文心雕龍·明詩篇》中稱遊仙詩道：『仙詩緩歌，雅有新聲』。鍾嶸《詩品》更對郭璞的遊仙詩大加稱讚，謂其『遊仙之作，詞多慷慨』。由此可見，遊仙詩在魏晉南北朝時期確已成為一種突出的文學現象而受到重視。

遊仙詩的繁榮是與道教活動的逐步深入密切相關的。隨着道教教派的形成，道教活動範圍更加廣泛，影響更為擴大。道教中人在煉丹和消災祛病而施行咒語時都離不開『神告』或『神令』，他們試圖通過神的『威力』來保證煉丹的驅魔治病的順利進行，於是神仙體系因此壯大起來，這一切都為遊仙詩的創作奠定了基礎，提供了豐富的意象。

下面，我們先介紹道教中人所創作的遊仙詩。

道教中人首先創作遊仙詩的當推葛玄。葛玄是葛洪的從祖父，生於漢延熹七年（一六四），卒於吳赤烏七年（二四四），享年八十一歲。陶弘景《吳太極左仙公葛公之碑》云：『仙公姓葛，諱玄，字孝先，丹陽句容都鄉吉陽里人也。本屬琅邪，後漢驃騎僮侯盧讓國於弟，來居此土。七代祖艾即驃騎之弟，襲封僮侯。祖矩，安平太守黃門郎。從祖彌，豫章等五郡太守。父焉，字德儒，州主簿，山陰令，散騎常侍大尚書。代載英哲，族冠吳史。公幼負奇操，絕倫黨，神挺標峻，清輝卓逸，墳典不學而知，道術才聞已了，非復軌儀所範，思識所該，特以域之情理之外，置之言象之表。吳初，左元放自洛而來，授公白虎七變爐火九丹，於是五通具足，化遁無方。」於江西閤皂山修道，常服餌術，能用符，行諸奇術。道教中人尊他為「葛仙公」或「太極左仙公」。宋崇寧三年（一一〇四）封「冲應真人」；淳祐三年（一二四三）封「冲應孚佑真君」。據載，葛玄曾著《道德經序》、《清靜經傳授次序》和《斷穀食方》三卷、《入山精思經》十九卷，集《慈悲道場九幽大懺法》十卷。《唐書·藝文誌》稱，葛玄錄有《狐子方金訣》三卷。趙道一《歷世真仙體道通鑑》卷二十三《葛仙公傳》載其遊仙詩三首。係其晚年之作。

作為道教篤信者，葛玄寫「遊仙」自然是要抒發他輕舉、與仙同遊的快樂情感的。他在第一首遊仙詩中寫道：

> 吾今獲輕舉，修行立功爾。三界盡稽首，從容紫宮裏。停駕虛無中，人生若流水。

在這首遊仙詩中，作者描述了自身修行已成道果，輕舉漫遊的情景。他自我感覺「飛昇」之後，三界之中，不論凡聖都刮目相看。同時，他又想像自己由紫微宮俯視下界的景象，更感到人生的短促和仙界的美好。這是他臨終之前一種陶醉心態的表露。

葛玄那種篤信道教的情感不僅促使他把死亡當作昇天，而且導致他沉浸於虛無縹緲的境界的回味之中，其第二首遊仙詩云：

一諷而一咏，玄音徹太清。太上輝金容，衆仙齊應聲。十方散香花，燔煙栴檀馨。皇娥奉《九韶》，鸞鳳諧和鳴。龍駕翳空迎，華蓋耀杳冥。儵閑劫仞臺，帝釋倏降庭。八五奉丹液，挹漱身騰輕。逍遥有無間，流朗絶形名。神童俠侍側，自然朝萬靈。飄飄八景輿，遊宴白玉京。

所謂『太清』，即指仙境中的『大赤天』，為太上老君所治。『一諷而一咏，玄音徹太清』，意即誦經之聲通過氣的震蕩，為老君與衆仙所感應。由於誦經，受其奥義啟迪而神遊，彷佛自身即已昇入太清境界，太上老君的光輝形象就呈現在眼前，衆仙也因感應而發聲。為了『證實』仙境的神聖、高雅和快樂，作者托出了有關色、聲、味、形的一組組夢幻式感覺意象，儼然進入了神仙的極樂世界。

葛玄的第三首遊仙詩，更進一步披露了一個虔誠道徒所特有的漫遊情思：

散誕遊山水，吐納和靈津。竦氣同希夷，静咏道德篇。至心宗玄一，冥感今乃宣。飛駕御九龍，飄飄乘紫煙。華景耀空衢，紅雲擁帝前。暫於蓬萊宫，倏忽已賓

天。偉偉衆真會，渺渺凌重玄。體固無終劫，金顏隨日鮮。（以上三首遊仙詩均見《歷世真仙全道通鑑》卷二十三《葛仙公傳》）

在這裏，輕舉漫遊境界的形成，不僅是由於歌詠道經，還在於吐納煉氣。道人吐納煉氣，講究專心守一。據説這種方式可以使其馳騁於外的心思收攏歸宗而居於微妙玄通之內，於是物我齊一，同乎『大通』。葛玄試圖向後人表明他已經達到了這種能够無我忘物而『賓天』的效果。總之，葛玄遊仙詩對輕舉漫遊境界的描繪，反映了他內心深處對神仙的仰慕。他深信神仙可學，輕舉有道，只要得到了『真人』之教，體乎虛無，同於希夷，便可脱離死壞，結冥中緣，這表現了他對道教的誠篤態度。

就文學角度而言，葛玄的遊仙詩值得注意的是，首先，作者朦朧地將漫遊的境界與修煉方術對應起來。如第二首寫『太清境』側重表現『誦中之遊』，由誦而洞真，洞真而輕舉。第三首寫『乘龍境』側重表現煉氣等綜合手段誘發的景象。其次，作者模糊地將道教的『玄義』寓於重疊的漫遊幻覺圖中。道教中人寫遊仙是為了宣傳『羽化』的理想，表達所謂希夷至精之玄冥奧義，葛玄也沒有例外。他試圖通過意象的神秘組合來顯示大道之『玄』，選用了『紫煙』、『紅雲』等一系列充滿色彩的詞彙，在雲煙繚繞之中推出『衆真』，注意到了作品的形象性問題。

東晉之際，隨着上清派和靈寶派的興旺，道教中人所作遊仙詩大量增加。如《上清大洞真經》卷一所錄《大洞滅魔神慧玉清隱書》（以下簡稱《玉清隱書》）和《靈寶無量度人上品妙經》卷二十七所錄《第三紫光丹靈真王歌》（以下簡稱《丹靈真王歌》）均係『遊仙』之屬。前者九十四句，後者二十八句。其在思想上與葛玄遊仙詩是基本一致的，這就是依靠神力而求不死之道。如《玉清隱書》說：『結朗始生神，九真合成雙，妙景啟冥數，順感標神踪。泥丸洞元光，運珠正絳宮。』《丹靈真王歌》稱：『太上攝千精，元命歸伯華。令奔紫晨輝，長生引真牙。』在藝術處理上，這兩首詩都具有『先輔陳，後即境』的特點。亦即先對神仙漫遊或『施法』的環境或空間進行一番描繪，然後才正面抒寫神仙，進入詩歌主題。例如《玉清隱書》：

玄景散天湄，清漢薄雲回。妙炁煥三晨，丹霞耀紫微。諸天舒靈彩，流霄何霏霏。神燈朗長庚，離羅吐明輝。回嶺帶高雲，懸精蔭八垂。三素啓高虛，蘭闕披重扉。金墉映玉清，靈秀表天畿。風生八會宮，猛獸騁雲馳。

以上十六句旨在描寫神仙洞府的美妙所在，其空間跨越了天、地、人三界。作者忽而注墨於銀河九天的流雲縈繞、妙炁丹霞、巍巍帝宮，忽而投筆於茫茫大地的高山回嶺、亭臺樓閣……這種天中有地、地中有天、天地相連的構想當是出於神仙變幻莫測、飄浮不定的考慮。再從時間的特點方面看，大概作者在沉思中出現了種種撲朔迷離的幻覺，所以他不由自主地採用了具有一定跳躍性的描述方式。忽而是朝霞輝映，靈彩流霄；忽而又是晚燈高掛，離羅吐明。這種忽朝忽夕的時間重疊交叉的表現法，是出於神仙玄遠、出無定時的考慮。總之，上述之鋪陳反映了作者那種天地相雜、時空混一的朦朧觀念。經過一番鋪陳之後，作者才進入以仙人活動為主體的正面描寫：

紛紛三洞府，真人互參差，上有千景精，冥德何高巍。太一務猷收，執命握神麾。正一履昌靈，攝召萬神歸。公子翼寂轅，洞陽衛玄機。明初合道康，龍輿正徘徊。七景協神王，飈輪萬杪階。體矯玄津上，飛步絶嶺梯。披錦入神丘，璨璨振羽衣。冥攄交雲會，飛景承神通。清峰無毫薈，綺合生絶空。金華帶靈軒，翼翼高仙翁。萬轡乘虛散，翁翁玄上窗。（《玉清隱書》）

作品試圖通過對車轅、龍輿、飈輪一類運載工具和神麾一類法器以及披錦、羽衣一類服飾的刻畫，來表現於聖境中『飛步』的神仙氣派。作者還運用了『萬神』、『萬轡』、『萬杪』等字眼，以說明聖境中神仙之衆多，給人以浩浩蕩蕩、列隊如龍之感。通過一番鋪陳，爾後引出神仙形象、隊伍、氣勢的描寫，這大概是為了誇耀道教神仙的超凡特色。這種方式也在《丹靈真王歌》中體現出來。《丹靈真王歌》一開始就云：『金闕啟靈扉，真光遍諸天』。這是為神仙的出場而作景色、氣氛的渲染和場所的交待。與《玉清隱書》有所不同的是，《丹靈真王歌》雖有鋪陳，但篇幅較短，神仙出場漫遊來得較快。另外，在《丹靈真王歌》中，作者並未純粹描繪神仙外貌和漫遊的動作，而是在寫神像時夾雜寫景：

一唱召萬神，再歌來衆真。茫茫代八圓，珠樓竦琳庭。

這種把神仙置於海市蜃樓式的太空幻境中的手法，對於其性格的刻畫起了一定的烘托效果。

東晉時期的楊羲和許謐、許翽亦善作遊仙詩。《真誥》卷三所收出於楊羲和許謐、許翽之手的遊仙詩多達數十篇，大體可分為兩大類。一類為『衆真唱和』之歌，主要有《右英王夫人歌》、《紫微夫人答英歌》、《桐柏山真人歌》、《清靈真人歌》、《中候夫人歌》（『候』疑為『侯』）、《昭靈李夫人歌》、《九華安妃歌》、《太虛南嶽真人歌》、《方諸青童君歌》、《南極紫元夫人歌》等。第二類為『衆真降喻』之辭。諸如《九月六日夕紫微夫人喻作許長史並與同學》、《九月九日雲林右英夫人喻作》、《九月九日紫微夫人喻作因許示郗》，等等。由於其表現手法較為呆板、單調，翻來覆去的説教太多，詩歌本身的藝術效果就受到損害，因此，我們在這裏就不作具體介紹了。下面，我們再介紹吳筠的遊仙詩。

吳筠（？——七七八）為唐代著名道士。字貞節（一作『正節』），華州華陰（今屬陝西）人。《舊唐書》本傳說他『少通經，善屬文，舉進士不第』。權德輿在《宗玄先生文集》序中說他『年十五，篤志於道，與同術者隱於南陽倚帝山，閎覽古先，遐蹈物表，芝耕雲臥，聲利不入』。師事潘師正為道士，傳上清經法。開元（七一三——七四一）中，南遊金陵，訪道茅山。後又遊天臺，觀滄海，與名士相娛樂，文辭傳頌京師。玄宗聞其名，遣使召見於大同殿，令待詔翰林。天寶（七四二——七五〇）中，李林甫、楊國忠用事，綱紀日紊，知天下將亂，堅求還嵩山，屢請不許，乃詔於嶽觀別立道院。不久，安祿山欲稱兵，又求還茅山，玄宗許之。既而中原大亂，筠乃東遊會稽，除於剡中，逍遙泉石，與李白、孔巢父詩篇酬和。代宗大曆十三年（七七八），卒於越中。弟子邵冀元等私謚為『宗玄先生』。著有《玄綱論》、《神仙可學論》、《心目論》、《形神可固論》等。吳筠對道教理論有過一定貢獻，在道教文學史上，他也有不小的影響。權德輿在談到吳筠的詩歌創作時指出：吳筠『放言以暢天理，且以園公歌咏於紫芝，弘景怡悅於白雲，故屬詞之中，尤工比興，觀其自古王化詩與「大雅」吟，步虛詞，遊仙、雜感之作，或遐想理古，以哀世道，或磅礴萬象，用冥環樞，稽性命之紀，達人事之變，大率以嗇神挫銳為本，至於奇采逸響，琅琅然若戛雲璈而凌倒景，昆閬松喬，森然在目。近古遊方處而言六義者，先生實盟焉』。又說：『凡為文詞理宏通，文彩煥發，每製一篇，人皆傳寫，雖李白之放蕩，杜甫之壯麗，能兼之者，其惟筠乎。』（《宗玄先生文集》序。此文集收入《全唐文》卷五百零八和《正統道藏》第三十九册）《宗玄先生文集》卷中收有吳筠作遊仙詩二十四首。

作為方外之士，吳筠在遊仙詩裏自然要展現昆閬之奇觀，橋喬之飛貌。他高唱：

飄飄瓊輪舉，曄曄金景散。（第十九首）

玉山鬱嵯峨，琅海杳無岸。（第十九首）

排景羽衣振，浮空雲駕來。靈幡七曜動，瓊障九光開。鳳舞龍璈奏，虬軒殊未迴。（第二十首）

羽服參煙霄，童顏皎冰雪。（第七首）

在吳筠遐想的遊仙世界裏，有山也有海；但那不是凡間的山，而是仙人的玉山，那不是俗世的海，而是仙人的瓊海。在嵯峨玉山和無岸瓊海之上更有浮空飛雲，曄曄金景，鳳凰起舞，神龍彈璈。仙人們色如童顏，肌若冰雪，身穿羽服，脚踩飛輪，雲歌高奏，真音迴蕩。好一個迷人的方外樂園！

從整體上看，吳筠的遊仙詩儘管也通過大量的景物鋪排來渲染仙界的神妙氣氛，但其遊的主體無疑是作者自身。因此，詩中一切意象的運用，最終都是為表現作者自我心靈的空曠高遠服務的。請看作者的第一首遊仙詩：

啓册觀往載，搖懷考今情。終古已寂寂，舉世何營營。悟彼九仙妙，超然全至精。疑神契冲玄，化服凌太清。心同宇宙廣，體合雲霞輕。祥風吹羽蓋，慶霄拂霓旌。龍駕朝紫微，後天保常名。豈知寰中士，靳晃矜暫榮。

作者翻開雲笈，遍覽仙經，浮想聯翩，情不自禁。面對沉寂無聲的往古與飛揚躁動的現世，詩人突然感悟到衆仙的超然神妙。他把『凌太清』的仙人與凡間營聲色的凡夫作了一番比較：仙人的心胸是那樣的寬大，以致可以同茫茫無際的宇宙相比，仙人的身體是那樣的輕巧，以致可以像雲霞那樣飛飄；而寰中凡夫卻是那樣的目光短淺，胸無大志，他們的所作所為不過是尋求暫時的榮耀而已。這種對世俗的鄙夷和對仙人的企慕，正是作者形成遊仙遐想的心理基礎。雖然，從字面上看，吳筠是在讚美仙人，但是，從深層上看，這又是其內心追求的表露。

由於吳筠把他那種『神仙可學』和『功過道德評價』的倫理修行信念深深地貫注於遊仙詩的字裏行間，因而其遊仙的意趣也就表現出自身的個性特徵。其第二十三首云：

縱身太霞上，眇眇虛中浮。八威先啓行，五老同我遊。靈景何灼灼，祥風正寥家。嘯歌振長空，逸響清且柔。遨嬉無近（跡）賞，顧眄皆真儔。不疾而自速，萬天俄已周。

其中的「五老同我遊」，就充分證明了吳筠的「遊仙遐想」是以自我為中心的。五老仙君只是跟着「我」遊歷萬天，至於「八威」之神也不過是充當開路先鋒而已。嘯歌之所以能夠在長空中迴蕩，星辰之所以能夠發出灼目的光輝，似乎也都是由於作者自身之「遊」所引起的。

吳筠的二十四首遊仙詩可謂一氣呵成，其想像奇麗不讓屈原，其飄逸豪邁不差李白，確為道教文學中的上品。

遊仙詩雖為道教所重，道門外的作家們也不乏借用遊仙的浪漫主義手法的。

在文人當中，最早寫作遊仙詩的人當推曹操。曹操創作的遊仙詩有《秋胡行》二首，《氣出唱》三首和《精列》、《陌上桑》等。在《陌上桑》中，曹操幻想自己「至崑崙，見西王母」。在《氣出唱》中，他一會兒渴望「仙人玉女，下來遨遊」，一會兒又以為自己變成了神仙，遊覽八極，到了崑崙之上，坐在西王母的身旁。這種對道教神仙典故的嗜好也遺傳給了他的兒子曹植。在《仙人篇》中，曹植請女仙湘娥拊琴瑟，請秦女吹笙竽。他『驅風遊四海，東過王母廬』。在《遠遊篇》中，他似乎看到了隱於金沙中的夜明珠，迫不及待地要把它發掘出來，送給仙人織女和湘妃。更為有趣的是，曹操的二兒子——曹丕也作有題為《折楊柳行》的遊仙詩。

西晉人張華是個寫誌怪的能手，而且在應用道教神仙典故方面同樣也有很深的造詣。在四首《遊仙詩》作品中，他不僅像曹氏父子那樣，想像湘妃、織女引吭高歌的情景，而且希望『雲娥薦瓊石，神妃侍衣裳』。繼張華之後，應用道教仙傳典故以表現神仙作為內容而進行詩歌創作的風氣更加興盛起來。陸機作《前緩聲歌》，高唱『宓妃興洛浦，王韓起太華。北徵瑤臺女，南要湘川娥』。王鑑作《七夕觀織女詩》，低吟『素女執瓊華，絳旗若吐電。』郭璞更是以創作遊仙詩而聞名的。他的《遊仙詩》素有『文體相輝，彪炳可玩』之稱，問世以來，多得品評。《文心雕龍·明詩》篇謂：『景純（景純係郭璞之字號）仙篇，挺拔而俊矣。』《世説新語·文學》篇劉義慶註引檀道鸞《續晉陽秋》則稱其『會合道家之言而韻之』。《文選》郭璞《遊仙詩》李善註云：『璞之制，文多自叙，雖志狹中區，而詞兼俗累。』郭璞的遊仙詩，收入《文選》中的有七首。

如同其他詩人寫遊仙詩一樣，郭璞的遊仙詩也有着深層次的內涵。他對仙界天堂的構想和對神仙的追求仍然是自我內心的表露。如『左挹浮丘袖，右拍洪崖肩』（《先秦漢魏晉南北朝詩》

中卷），表示他要與浮丘、洪崖一類仙人並肩而遊，左一個仙人，右一個仙人，充分體現了他置身於仙人隊伍中的情景。不僅如此，他還幻想上昇天堂後：『永偕帝鄉侶，千齡共逍遥』。試圖長期在仙界中享受自由自在的生活。

郭璞對仙界天堂的構想和對神仙的追求說明，他確實有超脫世事的心理，這在他的《遊仙詩》的第一首表達得更為清楚：

京華遊俠窟，山林隱遁棲。朱門何足榮，未若托蓬萊。臨源挹清波，陵岡掇丹荑。靈溪可潛盤，安事登雲梯。漆園有傲吏，萊氏有逸妻。進則保龍見，退則觸藩羝。高蹈風塵外，長揖謝夷齊。（《先秦漢魏晉南北朝詩》中卷）

他認為榮華富貴、朱門酒肉並不值得留戀，置身仕途也不足羨，因為求高官以進身者，儘管可以獲得好運氣，甚至得寵於天子或其他大官，但是受重用本身就意味着受牽制，弄不好將會像羝羊的角被掛在籬笆上那樣，進退都困難。反之，隱遁的人，遊山玩水，則有心舒胸暢的快樂。相比之下，還不如效法莊周和老萊子之妻，歸隱求仙。

郭璞生活於動亂時期，永嘉年間，曾為避亂而南徙。經過對社會和人生的透視反思之後，郭璞深深感到在世俗生活中年華流逝的可惜和可悲。在《遊仙詩》的第四首中，他寫道：

六龍安可頓，運流有代謝。時變感人思，已秋復願夏。滄海變微禽，吾生獨不化……臨川哀年邁，撫心獨悲吒。（《先秦漢魏晉南北朝詩》卷中）

這裏面既有對世事變遷的思索，又有對人生的感嘆。『已秋復願夏』充分體現了逆向或復歸的『玄覽』特點。正是這種『玄覽』使他萌發了學仙人飛舉，以求歸於大化，與天地合一的觀念。可見，郭璞《遊仙詩》在其繪聲繪色的描寫背後潛藏着他對宇宙、社會、人生的深思。

著名詩人沈約也寫過不少遊仙詩。《梁書》本傳說他『昧於榮利，……頗累清談。』由此可見，沈約曾深受玄學的影響。在《和竟陵王遊仙詩二首》中，他寫道：

天蟜乘絳仙，螭衣萬陸離。玉鑾隱雲霧，溶溶紛上馳。瑶臺風不息，赤水正漣漪。崢嶸玄圃上，聊攀瓊樹枝。

朝止閶闔宫，暮宴清都闕。騰蓋隱奔星，低鑾避行月。九疑紛相從，虹旌乍昇没。青鳥去復還，高唐雲不歇。若華有餘照，淹留且晞髮。（《藝文類聚》卷七十八）

作者運用跳躍性的手法，來展示傳說中的種種仙境，想像自我雲遊仙家洞府的情景。沈約是一位精通文史音樂的詩人，其遊仙詩具有清新明快之感。

沈約寫遊仙，雖然與宮廷需要有關，但也有其特殊的生活基礎。他不僅遊覽了許多仙宮道館，而且與道派頗有些交誼。尤其是同陶弘景的關係更為密切。現存沈約集中有不少作品反映了他與陶弘景交往的情況。如《還園宅奉酬華陽先生詩》、《華陽先生登樓不復下贈呈詩》、《酬華陽先生詩》等。這交誼的潛移默化，也使他產生了出世的思想：

松子排煙去，英靈眇難測。惟有清澗流，潺湲終不息。神丹在兹化，雲軿於此陟。願受金液方，片言生羽翼。渴就華池飲，饑向朝霞食。何時當來還，延佇清（青）巖側。（《藝文類聚》聚七十八）

望着這山澗流水，沈約雖然感到仙人赤松子的英靈難以測知，但對其『仙踪』卻也念念不忘。他幻想着仙人乘雲軿從山澗上昇的情形，表示願意授受金液神丹之方，渴飲華池，饑餐朝霞。他久久佇立於青巖之側，等待着仙人赤松子的回返。這種抒情看起來頗有天真童蒙之靈語。其寫景有山水的氣息，體現了遊仙詩從玄想為主向山水化的初步過渡。

陳朝清河東武城人張正見，一邊寫宮體艷歌，一邊高唱《神仙篇》：

瀛州（洲）分渤澥，閬苑隔虹霓。欲識三山路，須尋千仞溪。石梁雲外去，蓬丘霧裏迷。年深毀丹竈，學久棄青泥。葛水留還杖，天衢鳴去鷄。六龍驤首起雲閣，萬里一別何寥廓。玄都府內駕青牛，紫蓋山中乘白鶴。潯陽杏花終難朽，武陵桃花未曾落。已見玉女笑投壺，復睹仙童欣六博。同甘玉文棗，俱飲流霞藥。鸞歌鳳舞集天臺，金闕銀宮相向開。西王已令青鳥去，東海還馭赤虬來。魏武還車逢漢女，荆王因夢識陽臺。鳳蓋隨雲聊蔽日，霓裳雜雨復乘雷。神童吹笙遥謝手，當知福地有神才。

（《樂府詩集》卷六十四）

這是一首五言、七言相間詩。在遊仙的遐想之中，既有桃花源式的風光，又有玄都內的景色，既有鸞歌鳳舞，又有流霞虹霓。作者通過一系列的描寫手法，向人們呈現出仙境中的珠光寶氣的昇平景象。詩中尤其注意對仙女形象雕畫，給人一種斑斕多姿的色調，隱隱約約之中還略帶點脂粉氣。這種遊仙情趣令人想起他的那些艷體詩來。在《置酒高殿》中，他寫道：『高窗侍玉女，飛闥敞金鋪。』（《樂府詩集》卷三十九）這裏的『玉女』，雖是對現實女子的美稱，但又有神仙化的跡象；而《神仙篇》中的『玉女』、『漢女』雖是對仙女的泛稱，但其形象又是以現實女子為原型的。由此可見，作者是把遊仙詩和艷體詩溝通起來了。

與南朝相比，北朝的文學相對顯得萎縮一些，但作遊仙詩者仍不乏其人。

滎陽開封人鄭道昭作《咏飛仙室詩》云：

巖堂隱星霄，遥檐駕雲飛。鄭公乘日至，道士披霞歸。（《先秦漢魏晉南北朝詩》下册）

大概飛仙之室坐落於懸崖峭壁之間，每有雲彩飛揚，遠遠地看去，那屋檐似駕着雲朵飛騰。作者由此聯想到仙人鄭公乘坐太陽，道士身披雲霞歸來的情景。這就使一般的咏物詩轉變為遊仙思緒的載體。

北魏顔之推亦在《神仙詩》中慕仙暢想：

紅顔恃容色，青春矜盛年。自言曉書劍，不得學神仙。風雲落時後，歲月度人前。鏡中不相識，捫心徒自憐。願得金樓要，思逢玉鈐篇。九龍游弱水，八鳳出飛煙。朝遊採瓊實，夕宴酌膏泉。峥嶸下無地，列缺上陵天。舉世聊一息，中州安足旋。（《文苑英華》卷二百二十五）

他之所以不想繼續在塵世中周旋，而要去觀賞九龍戲水、八鳳凌煙，暢遊仙宫，是因為自己感到歲月流逝得太快，轉眼間，連鏡中本象也感到陌生了。這是歷盡滄桑者的無限感慨。北周詩人王褒更在遊仙詩中窮思極想。他在《輕擧篇》中寫道：

天地能長久，神仙壽不窮。白玉東華檢，方諸西嶽童。我瞻少海北，暫別扶桑東。俯觀雲似蓋，低望月如弓。看棋城邑改，辭家墟巷空。流珠餘舊竈，種杏發新叢。酒釀瀛洲玉，劍鑄昆吾銅。誰能攬六博，還當訪井公。（《樂府詩集》卷六十四）

『飛昇』於『俯觀雲似蓋，低望月如弓』境界中的作者，一會兒仰觀上天，一會兒俯視下界。他看見原來的城邑都改變了樣子，舊居成為一片廢墟，只有老竈還殘存着，杏樹卻已長成茂密的叢林。在這裏，作者化用了道教關於仙人辭家遠行修行的一類傳説，給人一種歷時已久的感受。

唐代開始，道教進入全面發展時期，神仙傳記中的種種故事傳説更為文人們所熟悉和喜愛。許多著名詩人也在其詩作中謳歌真仙，表達他們與神仙共遊勝境的情懷。

王績是生活在隋唐兩朝的詩人，作有遊仙詩四首，他不僅熟練地應用了道教的方術、博物傳説，而且還通過稀世珍寶的羅列盡可能地展現仙境之美：

蔡經新學道，王烈舊成仙。駕鶴來無日，乘龍去幾年。三山銀作地，八洞玉爲天。金精飛欲盡，石髓溜應堅。……

上月芝蘭徑，中巖紫翠房。金壺新練乳，玉斧始煎香。六局黃公術，三門赤帝方。吹沙聊作鳥，動石試爲羊。（《東皋子集》卷中《遊仙》）

如果說《遊仙》之一與二，作者尚處於境外，那麼其第三首的文思則表明作者已進入境中。他既有陶潛在《桃花源記》中所表現的那種田園情趣，又有仙境的遐想，反映了一個酷愛山水的逸人對道教列仙之趣的『感通』。不過，王績的內心世界似乎也隱藏着許多苦衷。他一方面暢遊仙境，另一方面又在字裏行間流露出傷悲愁緒：

自悲生世促，無暇待桑田。

逆愁歸舊里，蕭條訪子孫。

上引二詩出自其《遊仙》之一與之三。（《東皋子集》卷中）從中可以看出，作者是在感嘆自己生於時局急劇動蕩的社會的悲慘命運。儘管他對於麻姑降世向蔡經傳授道法、預計滄桑變化的故事了如指掌，但在世事淒涼的日子裏，卻表示自己無暇等待滄海再變為桑田。當然，當他沿着山路步入仙村觀賞桃源之時也曾有昇仙的幻覺；但是，當他從仙夢中醒來，卻又滿腹愁緒。他不是帶着富貴者的情趣在仙遊，而是坎壈而遊。他的胸中交織着理想與現實的矛盾。這在他的第四首遊仙詩中表現出來：

鴨桃聞已種，龍竹未經騎。爲向天仙道，棲遑君詎知？

人們都説在遐想的天仙路上漫遊，其樂無窮，而王績在經過一番如夢如醉的心潮起伏之後，充滿了憂慮和遑遽的情思。平日積壓於心頭的苦悶，頓時就像奔流的洪水一樣洶湧而出。原來，他的遊仙暢想不是為了別的，正是為了發洩離亂之愁。

王勃是王績的侄孫，他幼而聰慧，年未及冠，應『幽素舉』及第。他是一個才華橫溢的詩人，在其他學術領域也很有學術造詣。王勃不僅嚮往神仙，而且不時表現出力圖學仙的願望。在《八仙經》的松巖裏，他訪『九仙』，以為『代（岱）北鸞驂至，遼西鶴騎旋』，堅信有朝一日，『終希脱塵網，連翼下芝田』。（《王子安集》卷三）在《觀内懷仙中》，他更是張開想像的翅膀，似乎看到了如乳一樣的仙人飲料——瓊漿，如泥一樣的石髓。他斷定『自能成羽翼』，（《王子安集》卷三）不必待神仙從空中放下梯子，自後才高攀而去。他甚至連做夢也想到神仙，於是寫下了《忽夢遊仙》一詩：

僕本江上客，牽跡在方內。寂寐霄漢間，居然有靈對。翕爾登霞首，依然躡雲背。電策驅龍光，煙途儼鸞態。乘月披金帔，連星解瓊佩。浮識俄易歸，真遊邈難再。廖廓沉遐想，周遑奉遺海。流俗非我鄉，何當釋塵昧？（《王子安集》卷二）

在作者看來，自己本來就是江上之客，完全可以隨着水流四處飄動，自由自在；可是，轉世以來，卻被限制在世俗的社會之中。他想掙脱塵網，重返霄漢。如果說，他在清醒狀態把懷仙之情寄托於山水之中，表現出一種回歸自然的情調，那麼在睡夢裏，他的求仙熱情更具有非理性的品格。他登霞首，躡雲背，手執電策，驅龍於太空，脚踏星月，控鸞於煙途。這簡直就像神仙一般。與其祖輩王績比較起來，王勃更具浪漫的精神。他的仙夢，既是想像，同時也是內心願望的一種表露。

李白是舉世公認的盛唐時期詩壇的偉人。他號稱謫仙人，不僅是出自道教徒的讚譽，而且也是他的自許。後人稱他詩仙，除去他飄逸出俗的詩風，很大程度上是因為他思想中的道教信仰。李白是道士，天寶三年（七七四年），在齊州受籙於紫極宮。雖然李白只是一位名譽道士，俗家弟子，並未真正出家，不過，他崇道慕仙之舉不僅屢見於其詩文中，為世人所矚目。他的詩歌中充滿了道教神化典故，以及同道教思維模式相聯繫的浪漫主義的風格和激情，因此世人又把他當作『仙才』。他『五嶽求仙不辭遠，一生好入名山遊』。在他的詩篇中，仙真神仙不斷湧現，隊伍浩蕩，形象逼真。宋人葛立方在談到李白《古風》的內容時指出：『《古風》兩卷近七十篇，身欲為神仙者殆十三、四：或欲把芙蓉而躡太清，或欲挾兩龍而凌倒景，或欲留舄而上蓬山，或欲折若木而遊八極，或欲結交王子晉，或欲高揖衛叔卿，或欲借白鹿於赤松，或欲餐金光於安期。』（《韻語陽秋》卷十二）的確如此，那種欲仙的原望使李白在大量作品中借用了神仙典故，並通過奇巧的構思，塑造出一大批神仙人物來。他登上大樓山，舉首望仙真，只見『羽駕滅去影，飆車絕回輪』。他登上金華山，想起牧羊紫煙客，但願『崑山採瓊蕊，可以煉精魄』。他在不注山上，彷彿看到了『蕭颯古仙人』。還以為這古仙人就是赤松子。（以上引文俱見《李大白全集·古風》）他登上敬亭山，極目天南端，看到『仙人五六人，常聞此遊盤』。（《李太白全集·登敬亭山南望懷古贈竇主簿》）他攜妓遊江時，想起『仙人有待乘黃鶴，海客無心隨白鷗』。（《李太白全集·江上吟》）他對道教上清派的女高仙——上元夫人作出如下描繪：

上元誰夫人？偏得王母嬌。嵯峨三角髻，餘髮散垂腰。裘披青毛錦，身著赤霜袍。手提嬴女兒，閒與鳳吹簫。眉語兩自笑，忽然隨風飄。（《李太白全集·上元夫人》）

這首詩是以《茅君傳》、《漢武帝內傳》中有關上元夫人的資料為基本素材的，作者筆下上元夫人的肖像呈現出一種靜態。無論是對其頭上的『三角髻』、散垂至腰際的餘髮的勾畫，還是對身上披的『青毛錦』、穿的『赤霜袍』的描繪，他都是以靜為旨趣的，彷彿這就是尊女神塑像的臨摹。然而，把上元夫人當作塑像來處理，並不意味着表現手法上的刻板。相反，作者盡可能地賦予『塑像』以活力。她手中提着『嬴女兒』（據《列仙傳》載，嬴女即秦穆公之女，因以簫模擬鳳歌，三年鳳來，迎之仙去），伴着鳳凰簫歌，眉宇間無不充滿笑意，這些細節的處理，無疑為傳神之筆，使人感到上元夫人具有慈祥而又和藹的心理特徵。

李白筆下還出現了黃帝煉丹於荆山的情形：

黃帝鑄鼎於荆山，煉丹砂，丹砂成黃金，騎龍飛上太清家，雲愁海思令人嗟。宮中彩女顏如花，飄然揮手凌紫霞，從風縱體登鸞車。登鸞車，侍軒轅，遨遊青天中，其樂不可言。（《李太白全集·飛龍引》）

此詩以『荆公鑄鼎』的原始仙話為素材，描述黃帝登仙的過程，表達了李白對黃帝的崇拜和天上仙境的幻想。

李白幻想仙境，更渴望成為神仙。這種願望在《懷仙歌》中充分表現出來：

一鶴東飛過滄海，放心散漫知何在？仙人浩歌望我來，應攀玉樹長相待。堯舜之事不足驚，自餘囂囂直可輕。巨鰲莫載三山去，我欲蓬萊頂上行。（《李太白全集·懷仙歌》）

看到一隻白鶴東飛過海，作者不僅像孩童那樣天真地猜測着它的具體落脚點，而且即刻想像茫茫大海之中引吭而歌的仙人。面對人生現實，詩人的態度是攀上玉樹，長久相待。這種態度既表明了李白對滄海仙人的景仰，又體現了他自己所具有的神仙氣派。看他連堯舜時代的事似乎都是自己親身經歷過一樣，並不覺得驚奇，這説明了他是把自己當作歷盡滄桑的仙人。不僅如此，他還可以直接地指揮巨鰲，頗有那麼一種瀟灑自如的仙家風度。

由於李白把自己置身於神仙隊伍中，這就更加可以隨心所欲地想像自己飄飄欲飛，躡空凌虛。他倏忽去來，時而覺得自己見到東王公，時而覺得自己看到西王母，時而上天，時而入地。他在想像的海洋裏，頻繁地與四面八方的神仙接觸、交往，乃至携手同遊，從而創造了一個美好的神仙世界：

我欲因之夢吳越，一夜飛度鏡湖月。湖月照我影，送我到剡溪。謝公宿處今尚在，綠水蕩漾清猿啼。脚著謝公屐，身登青雲梯。半壁見海日，空中聞天鷄，千巖萬轉路不定，迷花倚石忽已暝。熊咆龍吟殷巖泉，慄深林兮驚層巔。雲青青兮欲雨。水澹澹兮生煙。列缺霹靂，丘巒崩摧。洞天石扇，訇然中開。青冥浩蕩不見底，日月照耀金銀臺。霓爲衣兮風爲馬，雲之君兮紛紛而來下。虎鼓瑟兮鸞回車，仙之人兮列如麻。忽魂悸以魄動，怳驚起而長嗟。惟覺時之枕席，失向來之煙霞。世間行樂亦如此，古來萬事東流水。別君去兮何時還？且放白鹿青崖間，須行即騎訪名山。安能摧眉折腰事權貴，使我不得開心顏。（《李太白全集·夢遊天姥吟留別》）

李白因越人的傳說而夢遊吳越之國，在為天姥山的奇姿異態進行浪漫式渲染之中，尤其突出了夢中仙境，濃墨重彩地寫出了仙人降世的驚心動魄場面，其儀仗何等壯觀，其羽姿何等灑脱。雖為夢幻之筆，卻充分顯露了詩人酷愛美好和自由的內心世界。

唐代詩人熱衷於道教活動的鋪叙、神仙勝境的追求，宋代詩人何曾不是如此？兩宋三百多年中，詩人燦若羣星，詩歌數量之多更令人咋舌。在衆多的詩作中，詩人們奏響了時代的强音，同時也吐出一股仙風道氣。宋詩中飄遊着一群天師、真人，矗立着一座座紫雲觀、洞霄宫。遊仙詩的形式一直為歷代詩人採用。

三、道教步虛詞

隨着南北朝天師道改革的完成，道教齋醮儀式逐步規範化，出現了一種道教文學獨有的詩體『步虛詞』。作為道教文學的步虛詞，其詩體多為五言，詩句有四句、八句和十二句不等。在這一點上，它同遊仙詩頗為類似，堪稱遊仙詩的『孿生姐妹』。所謂『孿生』，除其形式外表有類似之處外，很重要的一個含義，就在於他們具有相同的『血緣關係』。正如遊仙詩源於漢代以前的歌賦一樣，步虛詞也是在此基礎上發展起來的。所不同的是，步虛詞與歌賦有着更為直接的關係。

我們知道，在文字尚未形成之前，不論是中國還是外國，都曾通過原始宗教的音樂舞蹈的『形象語言』來表達思想，作為溝通人、神、物關係的媒介。我國素有禮儀之邦的美稱，在很早的時候，祖先們就相當重視音樂舞蹈的作用。據《史記·五帝紀》載，夏禹曾經『興

《九招》之樂，致異物，鳳皇來翔』。《詩經》更有『頌』一類歌詞。這些都與古代『神道設教』活動有密切的關係。步虛詞就是為『神道設教』服務的祭祀頌神的歌詞的衍變和發展。唐代的吳兢在《樂府古題解要》中，對步虛詞的內容與形式有一個簡要的說明，他說：『步虛詞，道家曲也，備言衆仙飄緲輕舉之美。』這就是說，步虛詞在內容上也離不開神仙之事；在形式上，它屬於曲調一類。如果說遊仙詩是一種誦詩，那麽，步虛詞就是歌詩了，因此，步虛詞是與音樂結合得十分密切的一種文學形式。正因這一緣故，所以向來文學史家大都將步虛詞歸入樂府之中。

至於步虛詞的含義，《洞玄靈寶昇玄步虛章序疏》第一頁就有比較詳細的解釋：

> 昇玄是妙覺之通名，步虛是神造之圓極；昇則證實不差，玄則冥同至德；步是通涉之名，虛是繼絶之稱。又雲章者，煥輝敝露，贊法體之滂流，乃有：玄音才吐，而八表咸和；神韻再敷，則十華竟集。旋玄都以擲靈；躡雲綱而携契信。是怡神滌志之法場，解形隳心之妙處也。故言昇玄步虛章。

這便是說，『步虛』是通感『神明』，獲取『妙覺』的一種音符。『章』也就是依據一定的音符配上的歌詞，以音符配歌詞，和以管弦，即為流水式的婉轉『符音』。據說它的功能是

『協合神韻』，『怡神滌志』。此書《序疏》第五頁又說：

玉京洞玄步虛咏，此題下即味七寶華葉法也。心通玄道，神咏步虛，遊履經法。學者神悟曰經也。觀隨聲遊，故曰咏也。

這是說步虛通過歌頌而使頌者自身及聽頌人之間能耳與眼通，心與神通，故能步隨聲轉，各感覺器官配合默契。

關於『步虛』之緣起，歷來傳說不一。晁公武《郡齋讀書誌》稱云：

《步虛經》一卷。古太極真人傳左仙公。其章皆高仙上聖朝玄都玉京，飛巡虛空所諷咏，故曰步虛。

『太極真人』係指徐來勒，『左仙公』就是東晉著名道士葛洪之從祖葛玄。清人汪汲《名詞集解》卷二引《吳苑記》稱，陳思王（曹植）遊魚山，聞巖裏有誦經聲，清遠嘹亮，因使解音者寫之，為神仙之聲。道士效之，作『步虛聲』。照上述所說，似乎『步虛』由來甚早，然徐來勒之事蹟頗為神秘，故其人是否會傳有『步虛』，尚屬可疑。至於曹植時道士作有『步虛聲』，或許有一定根據。即使曹魏時代尚無成熟之『步虛』，則兩晉之際當已有之，因出於此時的《太上洞淵神咒經》卷十五即録有《步虛》二十餘首。

《太上洞淵神咒經》卷十五所録《步虛》的宗旨即是為了通過頌神降靈而禳解禍難的。《步虛解考品》云：

> 道言，吾今不忍見汝天下蒼生福德淺薄，自從出胎世上，年七解語以來，舉手施爲，出言用意，心生五毒，六賊竟興，曾無善慈，唯只惡生好殺，遂被三尸註簿，七魄録名，常以甲子、庚申，奏入天曹案内。罪滿三千，簿内天符，降於中斗之司，敕令本命星官收汝三魂七魄，送付泰山地獄……或病或死，或未死；或令飽死，或令餓死，或令熱死，或令寒死，或令水死，或令火死，或令土壓木傷死，或遭金鑋鐵刃死，或遭蛇傷虎咬死，或遭蛟螭魚鱉死，或遭猪牛犬馬死，或遭刀兵枷棒死，或遭雷電風雹死……吾今專遣明羅真人，持經行化天下，爲諸衆生拔度五苦，解災卻患，濟厄扶危，治病救疾，消諸禍源。（《太上洞淵神咒經》卷十五）

《步虛解考品》羅列了各種病死的形式，説明那時人們所受天災人禍壓迫的深重。因此，它雖然採用了虛幻的方式進行説教，但其出發點則是為了人的生存和靈魂的解脱。

《太上洞淵神咒經》裏的《步虛》關於消災解難的社會心理是通過對神鬼的善惡判斷的曲折形式來披露的。其第一首說：

東方蒼老君，號曰句芒靈。梵女遊太空，迢迢拂玉京。大乘總三天，衆兵統魔兵。八音遍十地，九龍雲輿迎。建齋立大功，長夜自然明。正道法鼓震，百邪悉推精。魔王來稽首，方始免其刑。善神守門户，力士交萬靈。道炁廣流佈，家親咸安寧。疫毒皆消滅，萬民悉長生。相與弘至道，俱遊紫鳳城。（同上書卷十五）

在這首詞裏，神鬼人物顯然分成兩大陣營。以東方蒼老君為首的天兵天將，在作者筆下乃是以驅邪的善神面目出現的，被當作同家親站在一邊的保佑者而受到歌頌；而魔王則是災難邪惡的象徵，只有稽首投降，才能免刑。對於負隅頑抗的妖魔邪惡勢力，《步虛》作者是毫不客氣的：

若有干試者，力士斬其頭。諸天帝王子，殺鬼豈敢留！故有强梁者，鑊湯煮其軀，千千悉斬首，萬萬不容留。

可謂說得斬釘截鐵，十分堅決。

《步虛》由於把災難的產生看成是出於魔鬼的作用，消災即是要鎮魔壓邪，故其基調是緊張而激烈的，作品不時爆發出刀槍戈戟的碰撞聲，似乎正在緊張的戰鬥中。不過，其中也有一些比較輕鬆的描寫。如：『功德已巍巍，碧海無風波。玉女空洞吟，青童步虛歌。善功今已立，仙路輕雲羅。幢蓋間花飛，神兵步步多。上聖降虛空，齋福高嵯峨。三宮十二司，大宣太上科。』（第十八首）又如：『然（燃）燈照無邊，功成清淨家』（第十九首），『虛皇演真經，仙唱盤空旋。羣龍駕紛紛，五帝車翩翩』（第二十首），『玉女歌不盡，祝備無窮家』（第二十二首）。好一派輕歌漫舞的景象，彷彿是打了一場大勝仗，正在開着慶功大會似的。作者這樣安排，顯然具有撫慰人心的意圖。總而言之，這一篇『步虛』向人們展示『調兵——戰鬥——勝利』的過程。它告訴信徒們，結局是美好的，經過天神的戰鬥，邪惡終於蕩盡，這就從心理上驅走了對災難的恐懼感。就這一點來說，它在特定的歷史條件下，具有一定的安定人心的作用。

魏晉南北朝流行較廣的步虛詞，還有《空洞步虛章》，這篇出自《洞玄靈寶玉京山步虛經》，為靈寶派道士所傳授。

《空洞步虛章》產生於何時，現難以確指，但係南北朝前作品，則毋庸置疑。東晉時問世的《太極真人敷靈寶齋戒威儀諸經要訣》在講述『靈寶齋法』時說：

齋人以次左行，旋繞香爐三匝，畢。是時亦當口咏《步虛躡無披空洞章》。所以旋繞香（爐）者，上法玄根，無上玉洞之天，大羅天上，太上大道君所治七寶自然之臺，無上諸真人，持齋誦咏，旋繞太上七寶之臺。今法之焉。

這一進行過程，實與《洞玄靈寶玉京山步虛經》所述相同。該經云：

玄都玉京山在三清之上，無色無塵。上有玉京金闕七寶玄臺紫微上官……太上無極虛皇天尊之治也……飛仙散化，旋繞七寶玄臺，三周匝，誦咏《空洞歌章》。

由於《太極真人敷靈寶齋戒威儀諸經要訣》與《洞玄靈寶玉京山步虛經》所述神靈之治（大羅天七寶臺）是一致的，故二者所録之『步虛』當無相異。據此可推之，《空洞步虛章》最遲在晉代也產生了。

《空洞步虛章》在陸修静作《太上洞玄靈寶授度儀》以及杜光庭《太上黃籙齋儀》中都有引述，共十首，為五言，每首句數不一。其中心内容可以用第十首中的兩句作為概括，這就是『長齋會玄都，鳴玉扣瓊鐘』。如果說，『齋』是通神的方法，那么，『玄都』便是意境，

「扣瓊鐘」則是進入齋法意境後所達到的身心機理效果。

「齋」本來只有潔淨、齋戒的意義。《說文》：「齋，戒潔也，從示。」《禮·祭統》：「齋之為言齊也，齊不齊以致齊者也。」又稱「及其將齋也，防其邪物，訖其嗜欲。」《易·繫辭上》：「聖人以此齋戒。」韓康伯註云：「洗心曰齊，防患曰戒。」《禮記·曲禮上》：「齋戒以告鬼神。」這說明齋本是指祭祀前先沐浴更衣，清心潔身，以示誠敬的程序。《莊子》始從內心活動方面發展了齋義，提出了「心齋」之法，認為只有通過內心的自我潔淨，才能合於妙道。《空洞步虛章》所謂「齋」正是從《莊子》那裏發展起來的一種修道成仙的方法，其核心亦在於强調心靈純潔的重要性，從而歸於虛無，與玄道通。

如何施用「長齋」呢？《空洞步虛章》十首所講的具體內容是多方面的。正如《洞玄靈寶昇玄步虛章序疏》中所說的：

此中諸章，各別立觀門餐味，吟咏之習門。

換句話說，其中之齋法具有許多不同的入門法式。就某一齋法而言，其施行是要遵照一定程序的。玆舉數端，以明其要。

第一，稽首燒香。所謂「稽首禮太上，燒香歸虛無。流明隨我回，法輪亦三周」，意即開心體會太上老君之智慧，火燒『身相』，自淨靈魂，使腦海不產生任何妄念。這樣入於虛無，就可以迎太上歸於心田。

第二，旋行乘虛。所謂『旋行躡雲綱，乘虛步玄紀』，這就是旋虛而行，足躡法雲，通過交叉對稱的步法，心念注於足下。

第三，存心累功。所謂『俯仰存太上，華景秀丹田』，這就是內心常存想太上老君，形有俯仰心，行有存想行，心得神妙，即可使形從之於神。

第四，控轡旋憩。所謂『控轡適十方，旋憩玄景阿』，意即控身轡心，以身從心，勒住心猿意馬，乘坐之而周遍十方，止息於玄道之景。

以上數端，概而觀之，大抵不離收心忘我之綱。步虛齋法，作為由古代祭祀時的潔淨之法衍化而來的道教方術儀式，是離不開神學軸心的。不過，若要進一步深入分析，即可發現，在神學的雲霧之中，還包含着養生學、人體科學的某些合理內容。稽首燒香、旋行乘虛等步驟實際上是通過一定的活動，使紛繁、變化奔馳不定的意念收攏，這和氣功學上的排除雜念、放鬆入靜程序，在本質上是相同的。至於存心累功則與意守身體上的穴位法的道理相通。存心可以看作守住心口上的膻中穴位。累功講的是不僅在步虛中要存心，而且要把專心致一的方法推行到日常生活的一舉一動中，並且講求善美的倫理道德修養。『控轡旋憩』，就是把心念當作猿馬來駕馭，當意念從奔馳的大千世界歸攏後，即可進一步主動導引它進入更深層的境界裏。步虛齋法也可以看作氣功學中的靜養方法。衆所周知，氣功的各種法門都要求『入靜』，而這又是有層次的。因此，當達到入靜的階段時，不同水準的人便可進入相應的『妙感王國』：或心念俱息，歸於冥寂；或心與天通，飄飄若舉。從《空洞步虛章》裏，我們也可以看到種種關於入靜或類似入靜的表現。入靜並不是精神的死亡，而是由於大腦皮層興奮點的轉移和相對集中而出現的一種狀態。所以在腦海中也有可能呈現某種景象。如《空洞步虛章》所描繪：

妙想明玄覺，詵詵巡虛遊。（第一首）

諸天散香花，蕭然靈風起。（第二首）

岧岧天寶臺，光明焰流日。（第三首）

仰觀劫仞臺，俯眄紫雲羅。（第五首）

香花若飛雪，氛靄茂玄粱。（第六首）

靈風扇奇花，清香散人衿。（第七首）

儘管上述所反映的意象圖景千差萬別，但有一點則是共通的，這就是使人暫時離開五彩繽紛的現實世界，走向理想的精神世界。由於精神離開了煩亂的環境，獲得休息機會，從而有可能在下意識狀態中調整自我生理機制。這種情況在《空洞步虛章》裏也有所反映：

吟咏帝一尊，百關自調理。（第二首）

常念餐元精，煉液固形質。（第三首）

沖虛太和氣，吐納流霞津。

胎息靜百關，寥寥究三便。

泥丸洞明景，遂成金華仙。（第四首）

吟咏詩文，思想仍然可以專而不馳，所以氣血能够從各個關節穴位暢通無阻，另外，人在精神高度集中而又寧靜輕鬆時，唾液自然會更多，而體液循環速度加快，有利吸收與排泄，因而體格健壯起來，所以説『煉液』可『固形質』。其他一些情狀還很多，表明步虛詞吟咏入靜可以産生良好的生理、心理效果。

步虛詞的内容由於道風流變，也由於齋醮的内容、目的不同和作者不一，文辭也不相同。中國道教史上幾位整理道教科儀的大師，如陸修静、張萬福、杜光庭、留用光等，大都擅長撰寫步虛詞。唐代道士吳筠不僅精於遊仙詩，同時也是一個創作步虛詞的能手。在《宗玄先生文集》中收有吳筠作步虛詞十首。在步虛詞中，吳筠的筆端也朝向了太虛仙境：

逸轡登紫清，乘光邁奔電。閬風隔三天，俯視猶可見。玉闉摽敞朗，瓊林鬱蔥倩。自非挺金骨，焉得諧夙願。期朋何森森，合景恣遊宴。良會忘淹留，千齡才一眄。

（《宗玄先生文集》卷中）

吳筠把讀者的視線一會兒引向三天勝境，一會兒引向閬風幽居，洞天與福地比肩，天仙與地仙同遊。這就說明了吳筠的步虛詞也和他的遊仙詩一樣，其中充滿了奇觀異景。不過，這與遊仙詩那種以自我為主體的『遊』不同，吳筠的步虛詞是以表現衆仙高妙為主。雖然，在步虛詞裏，作者也時而抒發其內心情感，並讓自己置身於幻境之中，但是，在這裏，自我並不是藝術表現的中心。相反，自我形象的再現，始終是為抒寫列仙之趣服務的，如其步虛詞第六首：

瓊臺劫爲（『爲』當作『萬』）仞，孤暎大羅表。常有三素雲，凝光自飛繞。羽景泛明霞，昇降何縹緲。鸞鳳吐雅音，棲翔絳林標。玉虛無晝夜，靈景何皎皎。一睹太上京，方知衆天小。

（《宗玄先生文集》卷中）

這裏的景物是作者對其視覺圖像的一種誇張性重構。不過，這些圖像的重構並不是作為作者自我形象的鋪墊，而是作為道教尊神太上老君的活動環境來處理的。詩中雖有光怪陸離的幻境描繪，但作者並不想成為這一幻境的主宰者，他把自己所創造的幻境獻給了教主。他儘管也在幻境中『遊覽』，那些瓊臺、羽幢、鸞鳳、雅音似乎就是自己耳聞目睹的寫實，然而，正像一個遊客在向人們敘述自己的經歷一樣，他自身形象在幻境中的出現，僅僅作為故事組織的基本線索。與太上老君及其下屬相比，作者自身在詩中的出現，甚至僅僅是陪襯，只是讀者藉以瞭解步虛中的主體藝術形象的一個仲介。吳筠自我形象的從屬性在其步虛詞第九首中還有更明顯的反映：

> 爰從太微上，肆覲虛皇尊。騰我八景輿，威遲入天門。既登玉宸庭，肅肅仰紫軒。敢問龍漢末，如何闢乾坤？怡然輟雲璈，告我希微言。幸聞至精理，方見造化源。（《宗玄先生文集》卷中）

作者好像得到了一張天文導遊圖，他猜想着天上神仙建築的整體佈局和往來的通道，憑着直覺，從天帝南宮的太微星登上天庭，繼而進入天門，到了玉宸庭，一飽眼福。他把我國傳統的宮殿建築格局加以誇張，然後『搬』到天上，無私地奉獻給神仙們。就在他自己所構想的天體地宮中，吳筠似乎到了另一個世界，一切都變得那麼陌生，那麼富有新鮮感。經過一番遊覽後，他更感到神仙們的「崇高」和自我的資歷之淺。在神仙面前，他是那樣的謙虛，所有的求知活動如同一個「學仙之徒」的本能反應。因此，作者自身的比例被縮小了，而神仙的形象則被放大了。就這一點來說，吳筠的步虛詞與他的遊仙詩可謂構成了藝術上的反差。

除道教中人擅長撰寫步虛詞者外，一些文人也效尤揮筆。如北周庾信撰步虛詞，被《藝文類聚》列為代表作。

庾信（五一三——五八一），字子山，南陽新野（今屬河南）人，身材魁偉，容儀超常。幼年時即博覽羣書。元帝時，聘於西魏，不久梁亡，遂留長安。他一生歷仕西魏、北周，當過驃騎大將軍一類的大官，因流寓他鄉，亡國之痛，懷鄉之情亦常困擾於心。因此，他除以含蓄的形式寫作詠懷詩文外，亦留下不少反映道教活動的作品。他的《道士步虛詞》十首相當熟練地採用了道教典籍資料。諸如開天闢地、宇宙化生的神話，凝神絕想、守靜煉氣的方術，火煉真文、淮南製鼎的傳說，到了他的手裏，經過重新的加工製作，成為琳琅滿目的嶄新畫卷。

庾信《步虛詞》雖然也接受了道教關於天地演化的理論，以及養穀神、受善水、服芝草等觀念，但對統治者求仙問道的行為則予以諷刺。如其步虛詞第九首云：

漢武多驕慢，淮南不小心。蓬萊入海底，何處可追尋。

（《樂府詩集》卷七十八。下引亦同）

這既反映了他對漢武帝的輕蔑和對淮南王劉安的批評，同時也表現出他內心深處對尋求蓬萊仙島一類活動的失望。又如第八首云：

上元風雨散，中天歌吹分。靈駕千尋上，空香萬里聞。

明代東海屠隆評點說：『人生畢世求仙，多為所誤，此詩「分、散、空」三字有諷意。』作品中的『散』與『分』暗指一統國家的分裂，由於皇宮貴人被仙歌衝昏頭腦，無心料理朝政，中心虛空，故必導致天下之失。

庾信步虛詞繼承了郭璞詩重辭采、工對仗的特點。諸如：

赤玉靈文下，朱陵真氣來。（第一首）

雲度弦歌響，星移空殿回。（第一首）

石髓香如飯，芝房脆似蓮。（第四首）

丹丘乘翠風，玄輔御斑麟。（第五首）

上引可見，作者遣詞造句既能化用古籍典故，又進行了一番錘鍊，故庾信步虛詞具有委婉、曲折、工麗的風格。

在北宋人張商英編著的《金籙齋三洞讚詠儀》中，收有宋太宗和宋真宗『御制』《步虛詞》各十首。宋真宗《步虛詞》第一首云：

銅渾春律生，玉闕曉煙披。吉夢通天意，靈文表帝期。奉符成巨典，胥宇報純禧。克佈丞民祐，應諧百福宜。（《金籙齋三洞讚詠儀》卷中）

這是一首表白心跡的步虛詞。從『吉夢』一語可以看出，宋真宗的這首步虛詞當是因夢有感而作的。春季裏，他作了通天如意之夢，朦朧之中昇上天庭玉闕，看見煙霧繚繞，連忙寫好進表之文，禱告玉帝庇祐蒼生，降福烝民。在這裏，作者儘管是作為頌神之用的，但他求神仙保祐黎民百姓，也反映了他在一定程度上對民衆生活的注意。

宋太宗的第八與第九首《步虛詞》寫道：

七寶琉璃宫，飛符排絳節。玉京鎮十方，衆真頌真訣。天地杳冥中，景雲浮不絶。太仙慧鶴遊，齋醮清嚴潔。咏讚亦非常，長生無隕滅。上帝伏魔王，執事皆賢哲。下察向黎民，靈官爲等列。香華從輩時，揚教動喉舌。（第八首，同下）

寶鐸振鸞鳴，諸仙相聚集。較量高下時，浮淺不能入。旋繞如意珠，破壞善修葺。玉皇朝謁前，真人傍侍立。步虛聽自然，仰望華胥色。駕鶴與乘龍，祥光起熠熠。三千功行來，壺有大丹粒。玄都鎮八方，臨壇皆蓊鬱。清風發播揚，養命存噓吸。（第九首，載《金籙齋三洞讚咏儀》卷上）

不難看出，作者雖然主要是在描寫神仙勝境，但在字裏行間卻流露求福的心理。不過，宋太宗詞想像上帝降伏魔王，手下執事者皆為賢哲，這又説明了他具有任人以賢的思想觀念，從而表現出一定的積極意義。

另外，蘇東坡和朱熹等人也撰有《步虛詞》，我們在這裏就不一一介紹了。總而言之，步虛詞作為一種特別的文學形式，而在道教文學中佔有重要的地位。

四、道教青詞

唐宋時期，道教文學中還有一種文體『青詞』。青詞，又稱青辭，亦名綠章，是道教齋醮儀式時獻給天神的奏章祝文。道教儀式使用奏章由來已久，但青詞之名，始見於唐代。唐李肇《翰林誌》說：『凡太清宮道觀，薦告詞文，皆用青藤紙朱字，謂之青詞。』宋程大昌在《演繁露》中說：『今世上自人主，下至臣庶，用道家科儀奏事於天帝者，皆青藤紙朱字，名為青詞綠章，即青詞，謂以綠紙為表章也。』由此可見，青詞因書寫於青藤紙上而得名。

青詞多用駢體，以四六文句構成，對仗齊整，文辭華麗。駢文起於南朝，隨唐時用作官方表章詔誥的文體，青詞的格式也是沿用了官府文體的格式。青詞也有駢散並用的，其上敘明祝禱者的名字（稱『臣某』），多寫明其人道階或官位），尊稱所祈禱神祇的尊號，敘述所奏事由，末節用『以聞』『謹詞』之類表示謙卑祈請的文辭。唐末五代道士杜光庭是個寫青詞的高手，《四庫全書提要》說他『駢偶之文，詞多贍麗』。不僅如此，他還對青詞的『書詞格式』作了專門介紹。他說：

應青詞須用上等青紙，勿令稍有點污穿破，如紙薄，即將兩幅背之，高一尺二寸，只許用一幅，通前後不過十七行，行密無妨，當令後空紙半幅，自維字之後平頭寫之，上空八分，下通走蟻，行不拘字數，但慎謹小楷爲妙。如啓聖後下文不得過十六句，當直指其事，務在簡而不華，實而不蕪，切不可眩文瞻飾繁藻，惟質樸爲上。仍不得令衣袖等物沾拂詞文。凡書詞之時，當入静室，几案敷淨巾，朱筆朱盞，勿用曾殗穢之物，口含妙香閉氣書之。不得以口氣衝文，寫未乖不得落筆及與他人言語，仍不許隔日書下，臣字不得在行頭，行内不得拆破人姓名，此爲書詞之格。

（《無上黄籙大齋立成儀》卷一十二）

正因為青詞是獻給天神的奏章祝文，因而杜光庭就更將其神聖化，這也『不得』，那也『不許』，天神在他的心目中是那様的神聖不可侵犯。天神如此這般，送給天神的『奏章祝文』自然也就容不得半點馬虎和紕漏了。宋吕元素《道門定制》也列有青詞文式。唐宋時期，由於齋醮儀式的頻繁舉行，許多官吏、文人也出入於道場，且奉皇帝命，親作青詞，以禱神明。如陸遊在詩中提到「綠章夜奏通明殿，乞借春陰護海棠」的情形，可見當時青詞風氣之一斑。唐末五代道士杜光庭更以擅作青詞而聞名於世。其詞作數量之豐，可謂舉世無雙。其內容所及，可謂無所不有。茲舉例如下。

《蜀王青城山祈雨醮詞》：

自青春屆序，甘雨愆期，農畝虧功，驕陽害物。雖歷申祭祀，遍告神明，密雲但佈於西郊，膏雨未沾南畝。皇皇衆庶，叩向無門。竊惟大道垂文，天師演教，有章奏之品，有祈醮之科。將展焚修，須依靈勝，是用披心雲洞，拜手仙峰。佇真侶之感通，冀明誠之御達，賜臣以時和歲稔，拯臣以雨順風調。……臣當恍心求理，戮力徇公，上答靈慈，永承道祐。（《全唐文》卷九四二）

老天爺久不下雨，田野裏的禾苗枯萎了，人們無可奈何，只有祈求神明快把甘露降下來，這急切的心情躍然紙上。

《黃齋為二亡男助黃籙齋詞》云：

臣過咎夙彰，神明垂譴，才逾一月，繼喪二男。憔悴中年，寂寥孤影，痛蒸嘗之時絶，念冥漠以何依。

這是向神哭泣亡子之痛，頗為感人。

人生中的痛苦莫過於疾病了，生老病死雖是不可抗拒的自然規律，但人們總企圖超越這殘酷的現實，無病無疾，健康長壽乃至長生不死，這無疑是人們夢寐以求的願望。因此，杜光庭作有不少這方面的青詞。如《趙球司徒疾病修醮拜章詞》云：

臣自惟福運，榮奉昌期。自參扈衛之班，遂陟煙霄之路，功輕任重，效寡恩深，常切競憂，難酬寵擢。近以災殃所迫，疾瘵斯嬰，軫聖慮以慰安，降名醫而撫視，未蒙痊減，倍用兢惶。伏念臣跡處塵寰，素昧修禀，立身履行，寧免愆違。或害物殺生，曾無惻憫；或摧鋒禦敵，輕賜誅鋤；總戎乖申令之宜，爲政有賞刑之失，幽夜致冤仇之訴，微躬成滯疾之危。又恐往世積生，尚縈釁咎，五行九曜，兼值災蒙，或興修有犯觸之非，或土木有侵傷之所。捫心省過，惟切懺祈，是敢拜奏寶章，崇修大醮，告虔下土，請命諸天。伏惟大道垂慈，至真鑒祐，敕靈師而解災度厄，流神貺而袪疾延生，落死籙於陰曹，定仙名於陽簡，故傷誤殺，冤債和寧，

新罪宿瑕，元慈蕩滌，誓期勵節，永答道恩。（《全唐文》卷九四二）

其中既有『捫心省過』，又有求於『大道垂慈』，而目的則是『祛疾延生』，希望『落死籙於陰曹，定仙名於陽簡』。這企求健康長壽的願望是何等的强烈。如果說上面那首青詞是齋者向天神企求無疾長生的話，那麽，下面這首青詞則是封建官吏企求天神保護其統治地位的願望。《蜀州孟附馬就衙設銷挷遷拔黄籙道場詞》云：

竊聞元元啓教，紫陽有遷拔之儀，正乙垂科，黄籙有懺祈之路。是敢肅嚴公署，崇設齋壇，拜表九清，騰詞三界。伏冀三尊衆聖，宏慨濟之慈，夜府泉扃，遂超昇之路，賜鄎國夫人某氏魂神安泰，福善資薰，積過深瑕，皆從蕩滌，不拘地府，徑上天堂。七祖九元，前亡往逝，俱昇道力，齊會福庭。又宅宇之中，累經修改，恐因觸動，未獲安寧，願馮（憑）齋薦之緣，旁解犯違之過，龍神復位，土地安和，居止利宜，凶災銷殄，城隍社廟，里域真官，密享神功，永居福地。上願帝圖隆固，聖壽延洪；太子諸王，擁宏而奉國；后妃嬪主，承景貺以匡朝；中外寮臣，六軍萬姓，同歡昌運；克遂安貞，歲有豐登，俗無疵癘，率土之内，一統萬方，並臻仁壽之鄉，咸奉昇平之化。不任歸命披心虔誠懇願之至。

（《全唐文》卷九四〇）

詞中人因『就衙設銷災遷拔』而齋，齋者的願望和目的也是非常具體明確的。這就是，他銷災的動機是著眼於目前和今後兩方面的，因為只有而今的官場得意，才有爾後的提拔陞遷。這說明他設齋銷災用意之良苦。『上願帝圖隆固』，更表現了他極力維護統治階級政權而永作人上人的慾望。這種慾望在帝王中就表現得更為突出。請看下面這首《皇帝本命醮詞》：

某今年大運所（此原缺一字），值三殺之位，小運支木，當衰弱之中，干祿納音，俱逢土塞，飛旗四殺，仍在寅鄉。羅睺躔尅姓之宮，土星臨乖背之宿，火曜行度，將入身宮，行年所經，況當地綱。又醫方所診，藏氣未調，榮衛未和，正氣衰薄，六脉未復，九府猶虛，恐構災凶，更深厄運。又恐積生往世，冤債未除，運意行心，罪瑕旋結，須馮（憑）章奏，冀達懺祈，是敢依按明科，選求良日，列詞備信，拜奏文章。請天官吏兵，降鑑營護，某內安腑臟，外卻災凶，上解星辰臨照之期，下銷年命刑妨之咎，冤仇和釋，債訟蠲平，六氣舒通，百關調理，衰危超度，命祿增延，北宮回短促之年，南極注遐長之壽。伏惟至真大道，太上三尊，常宏憫

濟之慈，允錫安貞之福，誓虔忠孝，克勵身心，讚明君化育之仁，報至道生成之澤。不任。（《全唐文》卷九四一）

這個皇帝向天神提出的要求是「衰危超度，命祿增延」，最終達到「至道生成」的目的。更見其欲享盡人間榮華富貴的貪婪之心。

青詞作為一種祭告詞文，既可以作為個體向天神表奏，也可以羣體而為之。如《衆修本命醮》就是以君體而向天神表奏的。《衆修本命醮詞》如是云：

伏聞大道垂光，三靈資始，人天設位，萬化互分，稟氣有清濁之殊，賦運有吉凶之異。昏明既判，罪福亦彰，於是太上宏慈，元尊愍護，南極闢延生之府，北都陳銓善之科，兩曜列星，佈無私而照燭，三官五帝，開大宥以君臨。蓋欲使共洽無爲，俱臻清靜，品登道果，名列真階。臣等叨沐神功，幸逢昌運，聞元儒之妙旨，履仁義之康衢，坐挹堯樽，行歌睿德，揣躬省己，榮忭實深，但慮往劫此生。立身舉措，動成違戾，率懺幽明，六情之愛染難祛，三業之愆非易積，文昌簡上，未紀善名，豐部（「部」當作「都」）宮中，已標罪身。又恐行年災咎，宿曜加臨，或土木興功，犯干禁忌，或故傷誤殺，結聚冤尤，遂使暗奪年齡，潛消福祿，非憑

（憑）勝會，難寫深誠。今屬白露凝神，清秋届節，是懺罪祈真之日，乃延恩致福之期，輒率慕同誠，歸依至道。齊持法信，稽首靈壇，遍天府以披心，望星宮而注想。伏冀三元上聖，十界衆尊，南極威神，北臺寮輔，念其虔懇，降以光靈，流福祚於存亡，息災凶於永遠，使臣等九元七祖，咸得生（「生」當爲「昇」）天，五族六親，並蒙安泰，罪瑕除蕩，祿壽延長，門宇清寧，運求諧遂，五行三命，永無刑剋之災，私室公庭，長荷利貞之福。不任。（《全唐文》卷九四〇）

詞中的文昌「善名」與豐都「罪目」相對稱，顯然具有勸善止惡思想。這種表現手法則體現在諸如樹木的再生等方面。《宣醮鶴鳴枯柏再生醮詞》即如此：

惟彼仙山，莫茲南土，雄盤厚地，秀拱穹旻。控綿洛之川原，總岷峨之形勝。巖若捧日，洞府棲真。連空之松檜扶疏，千載之威靈肅穆。果聞祥異，顯此福庭。垂至陽生化之功，變枯柏凋摧之質。柔條迥茂，灑瑞露以飄香，密葉重榮，動晴風而裊翠。（《全唐文》卷九四三）

由於天神恩準和作用枯柏都可以再生而變得枝葉茂盛，那麽人們的企求和願望又有什麽不能實現呢？作者的用意就在於此。

從上述數例中可以看出，青詞不但充滿了神明崇拜的色彩，而且在形式上也追求工麗，其駢偶化特點頗為明顯。因此，青詞不僅在道教門人中廣泛運用，同時，道門外的文人也多採用。如北宋哲宗時代宰相蘇頌為皇帝代筆的《西太宮開啟神宗忌辰青詞》有云：

> 謹上啓元始天尊、太上道君、太一老君、混元上德皇帝，伏以先皇厭世，垂盛烈於無窮，大道案科，薦洪禧於罔極。式臨諱日，預叩真乘，庶馮（憑）齋禱之功，永助仙遊之邈，無任懇禱之至。謹詞。（《蘇魏公文集》卷二十七）

這首青詞是用以祭祀神宗皇帝的，在內容上反映了封建王朝祖先崇拜與道教信仰的合一，而在遣詞造句方面則頗費苦心。

在《王臨川全集》卷十一中，載有王安石所作青詞二十六首，其內容涉及為民祈福卻災、求雨止晴等方面。如《集禧觀洪福殿開啟謝雨道場青詞》文云：

> 伏以旱暵成災，懼物生之疵癘。祓齋以禱，荷神貺之顧綏。載闢靈場，式陳昭報。尚冀涵濡之施，以終庇祐之仁。

這是一首典型的四、六字句青詞，內容是祈求神靈降雨，以解除人間的旱災，使萬物充滿雨露。

元明時期，青詞在文人中更加流行。元代著名文學家虞集有青詞云：

> 治平之運，仰荷洪牀。疾災之生，敢忘忱禱。爰命羽衣之士，敬敷寶笈之科。伏願五帝儲華，三光協德。身康强而逢吉，有永壽祺，國清淨以無爲，均蒙福願。（《道園學古錄》卷二十六）

不難看出，作者是因身體有疾而為。其意思是説，承蒙神靈保佑，我身處太平盛世，但由於疾病災害時時困擾着我，因此不敢忘記向神禱告，於是命道士按道經科儀向神啟奏。願五帝和日月星保佑我們身體健康長壽，國家太平安寧，人人都得福。

明代嘉靖皇帝崇奉道教，常在内殿設齋醮。不僅如此，他還自號『玄都境萬壽帝君』，儼然以道士身份而自居。更為有趣的是，他選人任職，還要看被選者的青詞寫得怎麽樣。他齋醮無虛日，書寫青詞，多令内閣輔臣和禮官為之，以青詞而得重用者，當首推顧鼎臣。《明史》卷一九三載：

帝好長生術，內殿設齋醮，鼎臣進步虛詞七章，且列上壇中應行事，帝優詔褒答，悉從之。詞臣以青詞結主知，由鼎臣倡也。

其後又有夏言、嚴嵩、徐階、李春芳、袁煒、嚴訥、郭樸、高拱等，皆以撰青詞稱旨而先後入閣爲宰輔，因而士人有「青詞宰相」之譏。凡進青詞不稱帝意者，皆被免官。對此，《萬曆野獲編》卷二有如下記載：

世朝居西內，事齋醮，一時詞臣以青詞得寵眷者甚衆，而最工巧，最稱上意者，無如袁文榮煒，董尚書份，然皆諛妄不典之言，如世所傳對聯云：洛水亦龜初獻瑞，陰數九，陽數九，九九八十一數，數通乎道，道合元始天尊一誠有感；歧山丹鳳兩呈祥，雄鳴六，雌鳴六，六六三十六聲，聲聞於天，天生嘉靖皇帝萬壽無疆。此袁所撰，最為時所膾炙也，他文可知矣。

上有所好，下必甚焉。明代青詞盛行之風由此可見一斑。

清代龔自珍《己亥雜詩》中有名作云：

九州生氣恃風雷，萬馬齊喑究可哀，我勸天公重抖擻，不拘一格降人才。

此詩自註稱：「過鎮江，見賽玉皇及風神、雷神者，禱詞萬數，道士乞撰青詞。」該詩因青詞而發，本身亦不是青詞。不過，龔自珍此詩成爲近代文學史上的名篇，固然是因時代風雲、憂國之心相激而發爲絶響，但也未始不從道教祭賽中獲得靈感。就這一點說來，又使它與青詞聯繫在一起了。

五、道教音樂

道教音樂是道教齋醮科儀活動中使用的音樂，又稱科儀音樂、法事音樂和道場音樂。道教音樂在發展過程中，與我國傳統的巫教祭祀音樂、宮廷祭祀音樂、佛教音樂以及各種民間音樂有着緊密聯繫，因而它是一種具有中國特色的宗教音樂。它在整個道教藝術中佔有很重要的地位。我國道教音樂的歷史悠久，內容豐富，形式多樣，風格各異，具有鮮明的民族特色和音樂特徵。下面，分三個部分加以介紹：

（一）道教音樂的歷史

道教音樂的產生，是隨道教齋醮科儀的產生而逐漸形成。那麼，什麼叫齋醮科儀呢？所謂齋醮科儀，就是道教舉行祭禱的一種宗教儀式。它用來為人祈福、禳災，為死者超度亡魂等；同時也是道士用來修仙積德、宏教闡道的形式。其法有沐浴淨身、設壇擺供、焚香禱告、三跪九叩、誦經念咒、上章禮誥、讚韻奏樂以及舞蹈等儀註和程式。說得通俗一點，就是人們常說的『做法事』或者『舉行儀式』罷了。齋醮科儀，簡稱科儀，亦稱『科教』。南宋呂太古在《杜天師傳》中有：『嘗謂道門科教，自漢天師、陸修靜撰集以來，歲久廢墜，乃考真偽，條列始末，故天下羽褐，至今遵行。』①《太上玄門功課經·序》又謂：『非科教不能宏揚大道。』兩段中所指即為科儀，也就是法事。

道教音樂是齋醮科儀的重要組成部分，要想瞭解它的歷史，必然要與齋醮科儀活動加以聯繫，否則就不能對道教音樂的歷史作出正確判斷。從道教齋醮科儀的歷史發展來看，可以說：有齋醮，必然就有音樂；無樂不成齋，無樂不成醮。

早在道教音樂產生以前，民間就盛行巫教祭祀音樂。這種音樂，先秦文獻稱為『巫風』。擔任巫教祭祀音樂的表演者統稱為『巫祝』，簡稱『巫』。《說文》：『巫，祝也。』儘管如此，巫與祝在分工上是有區別的：巫能歌善舞，自謂神靈附體，代傳天意；祝善於言辭，代人上表祝願，以求神靈保佑。可見巫是人與神之間的媒介，是巫教祭祀的執行者，又是通曉歌舞的人。巫祝在祭祀時，通過歌舞表演來達到『娛神』、『悦神』和『降神』的目的，形成了巫教祭祀歌舞。這種歌舞，是巫教祭祀音樂的重要組成部分，它為後世道教科儀音樂所繼承。

與此同時，在道教音樂產生以前，統治階層還盛行宮廷祭祀音樂。我國最早的一部詩歌總集《詩經》中，就收有部分西周統治者用來祭祀祖先、天地、農神的樂歌，如《周頌》中的《清廟》是周公用來祭祀先王文王的樂歌；《思文》是周公用來祭祀天地和后稷，祈禱農業豐收的樂歌。這些樂歌，可以說就是我國古代宮廷祭祀音樂的最早形式。

古代各種祈神的儀式上，統治者莫不作樂。《易經·豫卦》說：『先王以作樂崇德，殷薦之上帝，以配祖考。』到了漢代，祭祀音樂更加興盛。據《史記·樂書第二》載：『漢家常以正月上辛祀太一甘泉，以昏時夜祠，到明而終。常有流星經於祠壇上。使僮男僮女七十人俱歌。春歌《青陽》，夏歌《朱明》，秋歌《西暤》，冬歌《玄冥》。世多有，故不論。』樂歌的作用『薦之郊廟則鬼神饗，作之朝廷則君臣和，立之學官則萬民協。』這種能『感天地，通神民，安萬民的祭祀音樂，至漢高祖時，發展成為宮廷祭祀的『宗廟樂』，據《漢書·禮樂誌》第二載：『高祖時，叔孫通因秦樂人制宗廟樂：大祝迎神於廟門，奏《嘉至》，猶古降神之樂也。』至武帝時，宮廷定郊祀之禮，遂作郊祀歌十九章。《漢書·禮樂誌》第二載：『至武帝定郊祀之禮，祠太一於甘泉，……乃立樂府，採詩夜誦，有趙、代、秦、楚之謳。以李延年為協律都尉，多舉司馬相如等數十人造為詩賦，略論律呂，以合八音之調整，作十九章之歌。』這就是後來流傳於世的《郊祀歌十九章》。

從周代的祭祀樂歌到漢代的宗廟樂和郊祀歌，其用途都是一致的。即：它們均是古代帝王用來祭祀天地的音樂。這同漢代以後出現的『郊天樂』也是一致的。從上述音樂的共同特點來看，皆屬於我國古代宮廷祭祀音樂的範疇。這種祭祀音樂，亦為後世道教音樂所採用。

道教音樂的產生與我國古代的巫教祭祀音樂和宮廷祭祀音樂有着不解之緣。它產生於東漢時的五斗米道齋醮科儀音樂。

東漢順帝（一二六——一四四年在位）時，道教創始人張陵（三四——一五六年）在四川鶴鳴山創立五斗米道。因入道者需交出五斗米，故名。又因道徒尊張陵為天師，故也稱天師道。亦名米道、鬼道和米巫。《華陽國誌·漢中誌》云：『漢末，沛國張陵學道於蜀鶴鳴山，造作道書，自稱太清玄元，以惑百姓。陵死，子衡傳其業；衡死，子魯傳其業……其奉道限出五斗米，故世謂之米道。』同書又載：張魯『以鬼道見信於益州牧劉焉。』五斗米道及其齋醮科儀音樂的形成與巫教有關。道教史研究家王明先生認為：『原始五斗米道，大抵從民間流行的巫鬼道演變而來。』②因此，四川蘆山縣出土的東漢建安十年（二〇五年）《漢故領校巴郡太守樊（敏）府君碑》將此道稱之為『米巫』。《晉書·李特傳》亦云：『漢末，張魯居漢中，以鬼道教百姓，賨人敬信巫覡，多往奉之。』③

五斗米道產生以後，隨即出現了它早期的齋醮科儀及音樂。據《魏書·釋老誌》載：『及張陵受道於鵠鳴，因傳天官章本千有二百，弟子相受，其事大行，齋祀跪拜，各成道法。』這說明五斗米道產生時，齋醮科儀便已有之。初期，五斗米道的齋醮科儀十分簡單、原始，形同巫術。如現知的兩種科儀『旨教齋』和『塗炭齋』，北周《笑道論·戒木枯死》二十二對其中的一項『塗炭齋』作了這樣的介紹：『又案三張之術……或為塗炭齋者，黃土泥面，驢轉泥中，懸頭著柱，打拍使熟。』此儀式在當時的歷史條件下，所使用的音樂形式也是比較簡單的。據法國學者馬伯樂在《六朝時期的道教》一文④中分析：『早在漢代，道教的宗教節日（譯者註：儀式）就異常衆多和繁雜。如塗炭齋，為了懺悔自己的過失和擺脱可怕的後果，在其過程中，參加者要……重覆的出場，來回地上香，長久地禱告，不停地跪拜，處於急驟的鼓點和煩人的音樂之中。』

五斗米道初期的科儀音樂是直接繼承了巫教祭祀音樂傳統的，《笑道論·戒木枯死》二十二又云：『今觀其文，詞義無取，有同巫俗解奏之曲，何期大道若此。』東漢王符《潛夫論》卷三《浮侈》第十二説：『今多不修中饋，休其蠶織，而起學巫祝，鼓舞事神，以欺細民，熒惑百姓。』《後漢書·董卓傳》註引《獻帝起居註》亦說：『（李）傕性喜鬼神左道之術，常有道人及女巫歌謳擊鼓下神，祭六丁，符劾厭勝之具，無所不為。』這些都説明，道教音樂的產生是直接繼承巫教祭祀傳統的。

道教音樂在繼承巫教祭祀音樂的同時，亦吸收古代帝王推行的宮廷祭祀音樂，並在道教祭禱儀式中加以利用。至東漢桓帝（一四七——一六七年）時，曾經流傳一種稱之為『郊天樂』的宮廷祭祀音樂。這種音樂與周秦至西漢時流傳的祭祀樂歌、宗廟樂和祭祀歌相似，均屬帝王用來祭祀天地、祖先的音樂。它被當時『好音樂，善琴笙』並『好神仙事』的漢桓帝用於祭祀道教教祖老子的活動中。《後漢書·祭祀誌》中說：『桓帝即位十八年，好神仙事。延熹八年（一六五年），初使中常侍之陳國苦縣祠老子。九年（一六六年），親祠老子於濯龍。文罽為壇，飾淳金釦器，設華蓋之坐，用郊天樂也。』由此可見，古代的宮廷祭祀音樂亦是道教音樂的生成之源。

兩晉南北朝時，道教科儀音樂已不再是簡單、原始的形式，而是經過改造、加工，逐漸擺脱巫教祭祀音樂的影響，形成了具有自身特點的科儀音樂形式。這個時期，從科儀方面來看，已經出現了由北魏道士寇謙之（三六五——四四八年）清整道教新制的《雲中音誦新科之戒》二十卷、《録圖真經》六十餘卷，南朝劉宋道士陸修静所撰的《金籙齋儀》、《玉籙齋儀》、《九幽齋儀》等百餘卷典籍；並且，科儀道士還有了明確分工，如陸修静《洞玄靈寶齋説光燭戒罰燈祝願儀》中便有『法師』、『都講』、『監齋』、『侍經』、『侍香』、『侍燈』等稱謂，説明當時的齋醮科儀已有了嚴格的體制。隨着科儀的發展，出現了《華夏頌》、《步虚聲》、《金真太空章》、《太極真人頌》、《太上玄一三真人頌》、《正一真人頌》、《智慧頌》等道曲；而且，當時的道曲在演唱方式上已有了『直誦』（疑即為一種音樂性不強，一般道士都易於掌握的念唱形式）和『音誦』（一種音樂性較强，非一般道士皆能掌握的歌唱形式）的區別。

隋代，道教科儀音樂有了相當規模，醮壇設置也更加完備。有關方面的情況，《隋書·經籍誌》有這樣的描述：『其潔齋之法，有黃籙、玉籙、金籙、塗炭等齋。為壇三成，每壇皆置錦蕝，以為限域。傍各開門，皆有法象。齋者亦有人數之限，以次入於錦蕝之中，魚貫面縛，陳説愆咎，告白神祇，晝夜不息，或一二七日而止。其齋數之外有人者，皆在錦蕝之外，謂之齋客，但拜謝而已，不面縛焉。而又有諸消災度厄之法，依陰陽五行術數，推人年命書之，如章表之儀，並具贄幣，燒香陳讀。云奏上天曹，請為除厄，謂之上章。夜中，於星辰之下，陳設酒脯餅餌幣物，歷祀天皇太一，祀五星列宿，為書如上章之儀以奏之，名之為醮。』這一介紹，從側面反映了當時的科儀音樂概況。

唐代，由於皇室以李姓而推崇老子（李耳）為其先祖，因而大力提倡道教及其齋醮科儀音樂。朝廷除『每年依道法齋醮』外，還極力推行道教音樂的創作。上至帝王，中至大臣，下至樂工、道士，都積極投入到道曲、道調的創作中：在帝王中，唐高宗（李治）曾命樂工白明達創作道曲、道調。⑤據《新唐書》卷二十一《禮樂誌》載：『高宗自以李氏老子之後也，於是命樂工制道調。』唐玄宗（李隆基）對道教音樂的創作更加重視，他一生中與道教音樂有著不解之緣。據説，他早在即位前任潞州（山西長治）別駕時，便經常出入道觀，與演奏法曲的道士過從甚密，耳濡目染中，更進一步加深了對道樂的瞭解，並產生了酷愛之情；⑥即位以後，又『浸喜神仙之事』，⑦倡導道曲、道調的創作。據《混元聖紀》卷八稱：

開元二十九年（七四一年）二月辛卯，玄宗制《霓裳羽衣曲》、《紫微八卦舞》以薦獻於太清宮。卷九又稱：天寶四年（七四五年），玄宗親制《降真召仙之曲》、《紫微送仙之曲》，於太清宮奏之。另外，玄宗還創作有四十多首與道曲、道調相關的法曲。據《唐音癸籤》說：『明皇制法曲四十餘。』《樂府詩集》載其曲名有：《一戎》、《大定》、《長生樂》、《赤白桃李》、《堂堂》、《望瀛》、《霓裳羽衣》、《獻仙音》、《獻天花》，各曲都有仙道意味。⑧在大臣、樂工、道士中，像工部侍郎賀知章、太常卿韋縚，樂工白明達、敬約，道士司馬承禎、李會元等人都分別創作過道曲、道調。據《新唐書·禮樂誌》云：『帝（玄宗）方浸喜神仙之事，詔道士司馬承禎制《玄真道曲》，茅山道士李會元制《大羅天曲》，工部侍郎賀知章制《紫清上聖道曲》。太清宮成，太常卿韋縚制《景雲》、《九真》、《紫極》、《小長壽》、《承天》、《順天樂》六曲。唐崔令欽《教坊記·序》云：『未聞頌德，高宗乃命樂工白明達造道曲、道調。』另據唐段安節《樂府雜録·道調子》載：『懿皇命樂工敬約吹觱篥初弄道調，上謂是曲誤拍之，敬約乃隨拍撰成曲子。』以上説明，唐代道曲、道調的創作已形成了創作隊伍一體化的格局。

由於道曲、道調的創作在唐代頗為盛行，因而使當時的道樂作品在數量上與日俱增。據王小盾先生在《唐代的道曲和道調》⑨一文中認為：『道曲這一新的品種，產生於唐高宗時期，而興盛於開（元）、天（寶）年間。在六十七曲中，至少有六十曲創制或改制在玄宗時代。其中又有二十曲曾用於太清宮薦獻儀式。』

道曲、道調的大量增加，既反映唐代道教音樂的興盛，道曲、道調也由此在道觀、宮廷、民間廣泛傳播：唐代詩人張仲素有《上元日聽太清宮步虛》詩云：『仙客開金籙，元辰會玉京。靈歌賓紫府，雅韻出層城。磬雜音徐徹，風飄響更清。紆餘空外盡，斷續聽中生。舞鶴紛將集，流雲注未行。誰知九陌上，塵俗仰遺聲。』薛濤有《試新服裁製初成》詩：『長裾本是上清儀，曾逐羣仙把玉芝，每到宮中歌舞會，折腰齊唱步虛詞。』司空圖有《步虛》詩：『阿母親教學步虛，三元長遣下蓬壺，雲韶韻俗停瑤瑟，鸞鶴飛抵拂寶爐。』這些詩都反映了道曲在當時的傳播情況。

五代十國時期，國家雖處在分裂之中，但由於受唐代統治者崇道遺風的影響，道教的齋醮活動及科儀音樂仍受到諸王朝統治者的提倡，我們僅從當時十國之一的閩國所舉行齋醮活動中，便可略知大概。據《新五代史》卷六十八《閩世家》第八載：『（閩，王）昶亦好巫，拜道士譚紫霄為正一先生，又拜陳守元為天師，……守元教昶起三清臺三層，……作樂於臺下，晝夜聲不輟。』隨着科儀音樂的發展，道樂藝術在五代十國時期有了新的提高，道教的聲樂演唱藝術——聲讚似已成為培訓科儀道士的重要科目。據《五代會要》卷十二載：『末帝清泰二年（九三五年），三月，兩街功德使奏，每年誕聖節諸道州府奏薦僧尼紫衣師號，今欲量立條式，試講論科、講經、表白各三科，文章應制十三科，持念一科，禪科、聲讚科，並於本技能中條貫，從之。』此外，五代十國時的道教音樂更與各種音樂形式有着密不可分的關係。關於這點，五代張若海在《玄壇刊誤論》卷十七中對五代修齋用樂的特點總結說：『廣陳雜樂，巴歌渝舞，悉參其間。』於此可見一斑。

北宋時，道教科儀音樂又有新的發展，北宋統治者在唐代統治者重視科儀音樂之風的影響下，繼承提倡齋醮活動和發展科儀音樂，使道教的齋醮樂章較過去更加完備。

北宋太宗皇帝曾極力利用科儀道士為其齋醮，據有關文獻載：『太宗嗣位，尋召守真於瓊林苑為周天大醮，作延祚保生壇。』⑩同時，還積極發展道教樂章，他不僅對朝臣所作的道曲加以讚賞，而且還親制道教科儀詞頌多首。據有關文獻載：『雍熙四年（九八七年）九月，翰林學士蘇易簡進乾明節內道場《步虛詞》二十章，太宗覽而嘉之，依韻屬和，以賜易簡。《正統道藏》尚保存有太宗所制道教科儀詞頌多首。』⑪

北宋真宗時，道教齋醮活動非常之多，科儀音樂尤盛。據《宋史·禮誌》載：『大中祥符元年（一〇〇八年）天書下降後，九月甲子，告太廟，奉安天書朝元殿，建道場，扶持使上香，庭中奏法曲，……前後部鼓吹、道門威儀、扶持使以下前導……』『大中祥符六年（一〇一三年），……冬，十月，甲子，亳州太清宮枯檜再生。真源縣菽麥再實，癸酉，謁玉清昭應宮。己卯，作《步虛詞》付道門。壬午，降聖節賜會如先天節儀。……十二月，己巳，天書扶持使趙安仁等上奏天書車輅、鼓吹、儀仗。』⑫

北宋徽宗時，朝廷對道教科儀音樂的發展更加重視，據《續資治通鑑》卷九十一《宋紀·徽宗》載：『政和四年（一一一四年），三月，辛卯，詔：「諸路監司，每路通選宮觀道士十人，遣發上京，赴左右街道錄院講習科道聲讚規儀，候習熟還本處。」』這種從各地選派科儀道士上京講習科道聲讚的做法，客觀上促進了道教音樂的交流與提高，並促使全國各地的道教科儀音樂更加統一和規範，以至於到了北宋末，出現了一部歷史上最早的曲譜範本——《玉音法事》。

《玉音法事》是現存所見道樂譜中最早的聲樂譜集，據任繼愈、鍾肇鵬主編的《道教提要》⑬說：『此書詞曲，至遲亦當為宋真宗宋徽宗所制，前者稱曰制，後者則稱聖制，殆為北宋末人所輯，……』後來該譜集收入明《正統道藏》。它的問世，當與北宋以來道教科儀音樂在民間的空前活躍，朝廷又十分重視有關。此譜集共分上、中、下三卷，收錄有從唐代至宋代的道曲五十首。除下卷有辭無譜外，上、中卷所載有譜的共有《步虛》、《金闕步虛》、《空洞》、《奉戒》、《三啟》、《啟堂》、《敷齋》、《大學仙》、《小學仙》、《焚詞》、《山篇》、《白鶴詞》、《玉清樂引》、《玉清樂》、《太清樂》、《散花詞》等四十六首，可見當時流傳的道曲仍非常豐富。該譜集所採用的記譜法亦很獨特，它既非古琴所用的減字譜，亦非琵琶所用的工尺譜，而是採用的一種形似曲線蜿蜒之狀的曲線譜，亦稱聲曲折譜，或步虛譜。該譜集的問世，對研究古代譜式及宋以前道教聲樂曲的音調、曲式結構等有其重要的文獻價值。

南宋、金時，南方由宋朝統治，北方為金朝統治。儘管國家處於南北對峙的局面，但道教科儀音樂仍然有所發展。南宋寧宗嘉泰年間（一二〇一—一二〇四年），西蜀成都府路崇慶府江原道士呂元素編有《道門定制》十卷，該書卷五載有當時所用的道曲如《啟堂頌》、《奉戒頌》、《三啟頌》、《請師頌》、《焚章頌》、《焚詞頌》、《焚牒頌》、《三途五苦頌》、《山簡頌》、《水簡頌》、《往生頌》、《出堂頌》、《還戒頌》、《解壇頌》、《迴向頌》、《步虛詞》、《白鶴詞》、《玉京步虛詞》、《金闕步虛詞》、《玉清樂》、《上清樂》、《太清樂》、《散花樂》、《仙家樂》、《唱道讚》、《華夏讚》、《智慧讚》、《歸依讚》、《啟經讚》、《聞經讚》、《七真讚》、《送經讚》、《解坐讚》、《普供養讚》、《辭師讚》、《奉送讚》等，反映了道曲在南宋時的流傳狀況。

另在南宋、金時，北方金統治區還出現了全真道、真大道、太一道等道派。在這些道派中，尤以全真道的影響最大，其齋醮活動和科儀音樂與歷史上早已形成的正一道音樂並駕齊驅。金代時，全真道的科儀音樂主要在北方一帶傳播，至今，山東嶗山摩崖石刻上還保留有當年全真道龍門派道士邱處機，在山東嶗山一帶參加齋醮科儀音樂活動方面的詩作和詞作，它是全真道音樂在北方一帶流傳的真實見證。其中，嶗山白雲洞崖壁二十首詩前有序曰：『東萊即墨之牢山（即嶗山），三圍大海，背負平川，巨石巍峨，羣峰峭拔，真洞天府地一方之勝境也。然僻於海曲，舉世鮮聞，其名亦不佳。予自昌陽醮罷，抵於王城永真觀。南望煙靄之間，隱隱而見。道衆相邀，遷延數日而方屆，遂閒吟二十首，易為鰲山，因暢道風雲耳。棲霞長春子書。』這是邱處機第一次上嶗山時留下的詩作。金大安元年（一二〇九年），邱處機由膠西第二次到嶗山，並在嶗山太清宮、上清宮、鶴山神清宮等宮觀說法闡教，留居數載，幾處留下了他的詩詞摩崖刻石。在詩和詞前均寫有序，記述了邱處機當年在膠西參與醮祭活動後第二次到嶗山時的情況。

詩前序曰：『大安己巳年膠西醮罷，道衆相邀再遊鰲山，復留詩二十首。』《磻溪集》中收録有他的其中兩首建醮詩：

醮罷歸來訪道山，山深地僻海灣環，
掉船即向波濤看，化出蓬萊杳靄間。
怪石嵌空自化成，千奇萬狀不能名，
斷崖絶壁無人到，日夜時聞仙樂聲。

另在嶗山上清宮東面巨石上，還刻有邱處機題留的《青玉案》詞一首。詞刻前，有他人為之作的序：『長春真人於大安己巳年膠西醮罷，道衆邀請來遊此山，上至南天門，命黄冠士奏《空洞步虛》畢，乃作詞一首，名曰《青玉案》。』詞曰：

乘舟共約煙霞侶，策杖尋高步，直上孤峰尖險處。長吟法事，浩歌幽韻，響遏行雲住。

它反映了全真道科儀音樂在金代的流傳狀況。⑭

金元之際，由於全真道龍門派創始人邱處機的才華出衆，他深得當時金、蒙、宋三方統治者的推崇。出於籠絡人心的需要，三方争相於一二一六年到一二一九年間向他發出邀請。他在權衡形勢之後，謝絶了南宋和金的詔請，獨應了元太祖之詔，不辭萬里跋涉，率領十八弟子，去大雪山見了元太祖，受到元太祖成吉思汗的禮遇。在他返歸燕京（今北京市）後，太祖賜以虎符、璽書，命他掌管天下道教，詔免道院和道士的賦税差役。利用當時的機遇，他於是廣發度牒，建立平等、長春、靈寶等八個教會，大肆建立宮觀，設壇作醮，廣招門徒，使全真道有了很大發展。⑮全真道的科儀音樂也由此大興，而邱處機所居的長春宮（今北京白雲觀前身）也由此成為全真道第一叢林和傳播道教音樂的中心。至元八年（一二七一年），王惲在清明日遊長春宮時，曾作詩盛讚長春宮内的道樂之聲：

鳴珂振轂滿重城，花底春光沸玉笙。
放眼壼天如隔世，侍談仙馭勝登瀛。

輕風韻颯金鐺静，竹露光寒鶴夢清
且莫臨漪門外去，夕陽正在總真明。

元代以後，正一道（即天師道）受到統治者的重視。早在元太祖時，元世祖忽必烈曾派密使到龍虎山訪問三十五代天師張可大，占卜天下統一之事；以後忽必烈又召見三十六代天師張宗演，命其主領江南諸路道教，賜銀印，並封其為『宣道靈應沖和真人。』這之後，每代天師都被元統治者封為『真人』，襲掌閣皂山、龍虎山、茅山等三山符籙，統領江南宗派。正一道的齋醮科儀音樂由此倍受重視。據文獻記載，從元初至元末的近百年中，正一道士差不多每年都要為皇室舉行齋醮活動，有時甚至在一年中還要舉行數次。據《元史》卷十一《本紀》第十一載：『（至元）十八年（一二八一年）三月，……詔三茅山三十八代宗師蔣宗瑛赴闕。……甲辰，命天師張宗演即宮中奏赤章於天七晝夜。……七月，……命天師張宗演等即壽寧宮奏赤章於天凡五晝夜。八月，設醮於上都（今內蒙古正藍旗東閃電河北岸）壽寧宮。』以上記載，從另一個側面反映了正一道的科儀音樂在元代時的活動情況。

明代初年，朝廷設立『神樂觀』，專司雅樂、道樂，以道童為樂舞生，並令道士冷謙制定雅樂。[16]明代道樂在繼承宋元道樂的基礎上，又新制出《大明御制玄教樂章》譜集一卷，此書包括《醮壇讚咏樂章》、《洪恩靈濟真君樂章》及《大明御制天尊（玄天上帝）詞曲》三部分。其中，《醮壇讚咏樂章》有《迎鳳輦》、《天下樂》、《聖賢記》、《青天歌》、《迎仙客》、《步步高》、《醉仙喜》等道曲，均附有歌詞和工尺譜曲調；一、三部分則有詞無譜。《大明御制玄教樂章》的問世，反映了明代統治者對道樂的重視和提倡，以至於當時道教在舉行國醮時，登壇表演的科儀道士及樂師在人數上已成：『唱念二十二名，其中知磬四名，正儀一名，表白四名，清道一名，宣讀一名，詞懺二名，引磬二名，手鼎二名，知鐘一名，知鼓一名，侍職二名。內壇奏樂一十五名，其中雲鑼一名，笙四名，管二名，笛二名，扎二名，板二名，鼓二名。外壇奏樂一十五名，其中雲鑼二名，笙二名，管二名，扎二名，笛二名，板二名，鼓二名。』⑰

明代道教音樂在發展中，還與宮廷雅樂和民間音樂有着密不可分的關係。由於明初朝廷對『神樂觀』的設立，客觀上促使雅樂與道樂的交流和融合，這使得當時流行的道曲亦明顯帶有宮廷雅樂的色彩：如《大明御制玄教樂章》中所列的道曲，無論從詞章的章法結構，還是音樂的旋律形態、風格乃至唱誦形式，均有仿照宮廷雅樂的痕跡。⑱另外，明萬曆三十五年《續藏》中收有《聖母孔雀明王經》三卷，謂『武當太嶽太和紫霄宮李提點於捨身崖洞中尋得。』卷上有云談《一定金》四句，談《清江引》，談《變地花》；卷中有云談《採茶歌》，談《一定金》，《清江引》，帶《小採茶歌》，《清江引》；卷下有云《一定金》、《清江引》，談《十供養》。⑲其中《清江引》、《採茶歌》，係道樂所吸收的民間小調曲目。⑳

清初，正一道與全真道的科儀音樂分別有不同程度的發展。清代雍正五年（一七二七年），龍虎山正一高道婁近垣隨五十五代天師張錫麟例覲入京。雍正八年（一七三〇年），授龍虎山提點、欽安殿住持。十一年（一七三三年）封為『妙正真人』。乾隆時封為通議大夫。乾隆十五年（一七五〇年）由天師府弟子根據婁近垣手抄本整理編成《清微黃籙大齋科儀》，附有道樂曲牌十七首。其中《金字經》、《清江引》、《對玉環》、《園林好》、《浪淘沙》等。此後，又出現以『梵音斗科』為標題的手抄本，末尾附有『先天祭告樂譜』五曲，其中除一首為歌譜外，其餘四首器樂曲牌：《青鸞舞》、《金字經》、《隔凡》、《桂枝香》。㉑

全真道的科儀音樂在清代發展更盛。清初，全真道第七代律師王常月多次受清廷賜封，順治十三年（一六五六年），王受封為國師，奉旨在白雲觀開壇傳戒，共傳弟子千餘人，形成各地的龍門支派：如陳清覺在四川青城山及青羊宮所開的丹臺碧洞宗一派；黃虛堂在蘇州所開的滸墅關太微律院支派；陶靖庵開湖州金蓋山雲巢支派等。㉒自王重陽、邱處機以來，全真道的科儀音樂已由北方傳遍大江南北，形成了經北京白雲觀為輻射中心，全國各名山、宮觀為接收點的道樂網絡。清代光緒三十二年（一九〇六年），《重刊道藏輯要·全真正韻》在四川成都問世，它標誌着全真道的經韻音樂已形成了全國通用的唱譜；全真道的科儀音樂已完全走向成熟和規範化。

在《重刊道藏輯要·全真正韻》一書中，共收有全真道通用的『十方韻』（即全真正韻）

五十六首，係當時全真道科儀音樂中最常用的曲目。該書是賀龍驤、彭翰然在成都重刻《道藏輯要》時續加，全書附唱詞和『當請譜』。『當請譜』是以擊樂器鐺子和鉸子為主要樂器伴奏的擊樂譜，它只標出擊樂器與唱詞所對應的板位，而無現代之曲調。道士師父在進行傳授時，以右手代鐺子，左手代鉸子（亦稱鑔），拍桌而一句一句教，道徒便一句一句地學，全憑口傳心授。㉓

民國以來，儘管戰亂不斷，但道教音樂仍有活動。一九一二年，全真道的全國性教會組織『中央道教會』和正一道的全國性教會組織『中華民國道教總會』相繼成立，為道教科儀音樂的發展做了一些工作。一九二五年，六十二代天師張元旭在上海病逝，上海正一派道士為其舉行了盛大的送殯儀式，向社會展示了正一道科儀音樂的壯觀場面。一九四二年，上海第一座全真派坤道院——紫陽宮，出現了一支由道姑組成的經懺樂班，在上海道樂界嶄露頭角。㉔本世紀四十年代，北京白雲觀的道教科儀音樂曾在京城名噪一時，『據童年生活在白雲觀的張景源回憶，四十年代，國民黨要員喪母，曾在當時的中南海出大經，白雲觀住持安世林親自領班，出動百餘名道士，携帶法器香案，從城郊西便門外的白雲觀出發，浩浩蕩蕩吹打至中南海。法場為僧道共聚，白雲觀做的法事壓軸，其場面極為浩大。』㉕由於白雲觀道教音樂在當時的影響，一九四四年至一九四五年，王君僅先生曾對白雲觀住持安世林和白全一口傳的北京韻進行了記譜、整理。此外，著名音樂史學家楊蔭瀏先生也曾到四川青城山常道觀搜集道教音樂。

在此期間，除正一道和全真道音樂有活動外，另在各地民間還興起了一派極具民間特色的火居道音樂。據民國《灌縣誌》說：『晚近道徒有不住觀而家居者，專以誦經謀衣食，其說不外地獄天堂，與釋氏之下乘絶相類，又神仙家之變體矣。』該誌又說：『當時全縣行此種職業的道士約三百餘人，俗稱火居（或火壇）道士。㉖火居道士既不同於正一道，又不同於全真道，它只在某些方面與這兩派道士有相似之外。其音樂總的來說，也是自成體系的，它與各地的地方音樂有密切的關係。民國期間，在湖南、四川、湖北、山東、山西以及江蘇等地均流行火居道音樂。其中，尤以四川盛行，僅川西地區的火居道就有兩大壇派之分。據民國《温江縣誌》載：『近世羽士修道場有兩派：一為廣成壇，即陳復慧啟；一為法言壇，則開派於雙流舉人劉沅。』在以上兩派中，又以廣成壇的音樂最具影響，它不僅擁有科儀典籍，而且還擁有豐富的韻腔和器樂曲牌，在地方道教音樂中享有聲譽。

一九四九年以後，道教科儀音樂處於百廢待興的局面，道教音樂急需搜集整理。一九五○年，北京中國音樂研究所楊蔭瀏、曹安和在江蘇無錫對民間流傳的道教『梵音』曲調進行了搜集、整理，音樂出版社於一九五七年出版了收有『梵音』曲調的《蘇南吹打曲》（第二版更名為《蘇南十番鼓曲》）一書。一九五六年，中國舞蹈研究會赴蘇州市玄妙觀，記録、整理了《全符》、《全表》、《火司朝》等三堂科儀音樂與舞蹈，並印行了《蘇州道教藝術集》

一書。同年中國音樂研究所和湖南省文化局聯合組織了採訪隊，對湖南省的音樂進行一次普遍調查，並將道教音樂納入調查範圍，一九六〇年，在音樂出版社出版的《湖南音樂普查報告》一書中，同時發表了其中的道教音樂曲譜資料。一九五八年，揚州市人民委員會文化處、揚州市文化聯合會編印了一本《揚州道教音樂介紹》。一九五九年，中國音樂家協會西安分會又編印了由何鈞、樊昭明、李石工搜集整理的《陝北葭榆民俗、宗教音樂散編》一書。此外，中國音樂研究所同陝西音樂協會還對西安市的道教廟觀——城隍廟迎祥觀的鼓樂進行了搜集、整理。上海音樂學院李民雄先生對浙江地區的部分道教音樂進行了搜集、整理，並編入《浙江民間吹打》一書。

六十年代，由於『文化大革命』十年浩劫，道教音樂活動被迫中斷，研究處於停滯狀態。

八十年代以後，隨着宗教政策的落實，道教音樂活動才逐漸恢復。上海、北京、江蘇、湖北、山西、四川、河北、雲南、遼寧、黑龍江等地，一批有志於道教音樂研究的音樂工作者，相繼投入到搶救、整理道教音樂的行列。

經過十餘年的努力，道教音樂在各地道教協會的關懷下，通過自身的努力，逐漸得到復甦，從而進入歷史以來發展的最好勢頭。一九九三年九月十七日至二十六日，由北京白雲觀、香港青松觀、臺北指南宮聯合發起，在北京白雲觀舉辦了隆重盛大的護國佑民、世界和平『羅天大醮』傳統盛典。大醮期間，北京白雲觀、香港青松觀、臺北指南宮、上海白雲觀、蘇州玄妙觀、杭州抱樸道院、湖北武當山、西安八仙宮、四川青城山、廣州三元宮道衆，分別在各自的壇場舉行了科儀音樂的演禮，向國內外展示了九十年代道教科儀音樂的豐彩。

（二）道教音樂的用途及其與科儀的關係

一、用途

我國的道教音樂，廣泛使用於齋醮科儀（包括部分經懺儀式）之中。這些科儀，根據道派的不同，又主要分為正一道科儀和全真道科儀兩大體系。其名目之多，內容之繁，是其它宗教不能相比的。現分述如下：

○正一道的科儀

僅以上海正一道為例，據上海市著名正一道高功陳蓮笙道長統計。㉗上海正一道使用過的齋醮科儀與經懺儀式可分為以下三大部分：

第一部分：

①醮事（即壇醮法事）。包括祈晴禱雨、公醮、清醮、雷醮、火醮、瘟醮、監醮等。

②清事。包括收告、鎮宅、抱患、預禳等。

③延生。包括打金籙、受籙、祝聖、閱素、普堂、開光、完願、慶誕、還受生等。

④亡事。包括初喪、追七、週忌、安葬、除靈、禫服、薦祖、冥慶、冥配等。

⑤放戒。包括傳戒、受戒。

第二部分：

法事名目繁多，包括清微發遞、靈寶發遞、全堂發遞、揚幡發遞、進表、全堂表、抱患告斗、延生告斗、拔亡告斗、供天、亡供天、祭天、解星、玉府解星、移星易宿、地司、收墳地司、五方鎮宅、翻解、立獄、捉生代替、驅蛇發檄、五雷發檄、召魂發檄、代童度關、抱患度關、受籙、給籙、煉度、進箋煉度、專煉餞瘟、金刀斷索、起伏尸、火司朝、宿啟朝、青玄朝、九幽朝、三朝、齋王、款王、傳經轉案、迎真度魂、生神章、請經、迎鑾接駕、皇壇三寶、羣仙會、會諸司、開方、九幽燈、九陽、十回度人燈、昇仙燈、三途五苦燈、六洞魔王燈、九霄開化燈、十七光明燈、延生燈、火司燈、壽星燈、大十獻、小十獻、解冤結、召飯、上供、望鄉臺、頒赦、度橋、召孤魂、請三寶、開啟、寄庫給牒、行香放燈、送喪。

第三部分：

①小型法事。包括還受生、送鬼、暖材、開路、設召、起靈斬煞、按神、安座、招魂、召七、召三朝、半夜七、接煞、起座、淨宅、預告、通七疏。

②經懺法事。經懺包括早晚功課、玉皇經懺、雷祖經懺、三官經懺、觀音經懺、斗經懺、朝天懺、青玄懺、九幽懺等。法事包括上表、供天、煉度、專煉、上供、發遞、亡斗、開啟、給籙、青玄朝、請聖、召孤魂等。

○ 全真道的科儀

僅以四川全真道為例，據光緒丁未年（一九〇七年）成都二仙庵藏板的《廣成儀制·目録》㉘統計，四川全真道（與火居道通用）使用過的齋醮科儀與經懺儀式可分為兩大部分：

第一部分——科儀類，分別是：

告符啟壇、開壇啟師、告龍迎水、蕩除氛穢、敕水禁壇、安奉竈君、關召符使、關告投文、藏棺隱景、安奉臨壇、奏請玉札、預行抽魂、大開方隅、關召亡靈、安建寒林、十王轉案、受職簽押、建壇啟師、請經啟事、迎鑾接駕、頒行詔命、大放赦文、迎請符簡、行符告簡、四大歸空、五靈梵度、東嶽正申、聚魂五總府、生神正朝、欵駕停科、正啟三元、揚幡招告、庭參九皇、天曹正朝、安鎮真文、祀貢諸天、金木日月、九宸正朝、九幽正朝、童初五相、迎齋上供、正申冥王、正申豐都、血湖正朝、言功設醮、開通業道、傳授戒言、祀供井泉、生神早朝、生神午朝、生神晚朝、生神總朝、玉帝大表、大表符篆、度人早朝、度人午朝、度人晚朝、度人總朝、朱陵黃華、救苦正朝、雷門謝將、圓滿餞駕、赦破九獄、漂放河燈、祭賞神夫、十王告簡、謝土啟壇、祀地正朝、謝土真文、陽醮明燈、謝土安龍、安鎮九宮、安位香火、禳蟻判散、陰醮啟請、宣經迎龍、五方投告、五方明燈、宣告九宮、標山安鎮、祭獻亡靈、奠謝古墓、炳靈接限、斗醮啟師、斗醮召合、斗將合將、斗醮皇司、斗醮迎駕、南斗正朝、南斗祝文、北斗正朝、十一大曜、金玄羽章、星主正朝、十八誥、斗醮朝元、五星順度、靜斗燃燈、先天禮斗、拜斗解厄、朝元咒棗、接壽正朝、課盆關報、三星玉符、誓火早期、誓火午朝、誓火晚朝、離明正朝、醮品祀火、誓火水壇、謝火全集、河圖三辰、入鎮早朝、入鎮午朝、入鎮晚朝、河圖早朝、河圖午朝、河圖晚朝、祈雨建壇、祈雨請師、祈雨啟水、水府三界、水府召龍、龍王正朝、正啟三聖、關告雷神、祀供水府、祀供風伯、揚泗正朝、觀音正朝、玄科迎師、玄帝正朝、川主正朝、關帝正朝、文昌正朝、洞淵正朝、和瘟正朝、匡阜玉赦、祀貢匡阜、年王八聖、祛瘟告符、建壇伏魔、和瘟遣舟、雷廷正朝、祀供雷廷、玉樞鎮靜、祀供太陽、雷醮削影、血湖啟師、血湖三申、黃籙五院、天醫正朝、血湖關將、血湖迎真、血湖六幕、三途五苦、破暗燃燈、血湖曲赦、血湖大齋、祀供蟲蝗、保苗投文、保苗揚幡、保苗迎真、保苗炎帝、保苗懺悔、保苗祭符、度人建壇、過度三界、保舉四符、昇真清旦、昇真午朝、昇真晚朝、度人謝真、太清章、表章總朝、預祝聖誕、九皇慶祝九朝、九皇朝元九朝、四九啟師、祥三十六解、亡三十六解、金刀斷索、禱結黃幡、催結黃幡、謝幡還神、三皇甲子、解壇散界、祝國儀文、致謝帥將、祀供鑾華、皇幡雲篆、水火璚篇、水火煉度、水火符籙、報答四恩、十種報恩、報恩左案、報答右案、南斗煉度、對靈救苦、往生早朝、往生午朝、往生晚朝、六時啟請、二時度人經、三時神章、四時清靜經、五時救苦經、六時生天經、鐵罐斛食、水陸召孤、迎王姥駕、禳關祭將、解禳痘疹、禳關度煞、解送白虎、大洞經籙法、五老正啟、受生填還、金籙受生、受生迎庫、傳度引籙、冠巾科儀、靈祖正朝、三元齋左案、三元齋右案、三元符簡、豐都齋左案、豐都齋右案、申啟城隍、十王齋十轉、十王齋左案、十王齋右案、十王絞經、十王啟師、十王建壇、十王奉真、十王懺悔、生神九轉、生神符篆、九煉返生、度人題綱、度人左案、度人右案、度人十轉、九天煉度、救苦題綱、三元迎駕、上元慶聖、上元祈福、上元慶燈、中元慶聖、中元懺罪、中元回耀、下元慶聖、下元解厄、下元破暗、泰山願十二朝、薩祖鐵罐、齋醮符篆全等。

第二部分——經懺類，分別有：

玄門早壇、玄門午課、玄門晚課、三元尊經、北斗真經、南斗真經、三斗真經、五斗真經、祿庫真經、玉樞真經、火車真經、土皇真經、靜斗朝儀、入陽真經、度人妙經、生神妙經、東嶽妙經、城隍尊經、十王尊經、血湖妙經、破膽真經、大乘妙經、大洞仙經、女青戒經、三十六部尊經、血湖上中下、東嶽法懺、救苦法懺、三元水懺、北極法懺、三元旱懺、太乙法懺、九幽法懺、斗姥法懺、雷祖法懺、慈航寶懺、歲君法懺、土皇法懺等。

上述齋醮科儀與經懺儀式，猶如戲曲的『脚本』，它綜合了音樂、舞蹈、文學、美術等藝術形式，在信衆面前，進行一場宗教儀式的『演出』，而音樂則在其中充當重要角色。

二、與科儀的關係

在音樂和道教科儀的關係上，我國的道教音樂，無論是正一道還是全真道的音樂，其音樂總是按照一定的程序和規律貫穿使用在科儀之中。儘管道教科儀的結構和內容非常繁雜，但主持道教科儀的高功等法師，卻自有一套『依科闡教』的辦法，這就是：什麼科儀選用什麼樣的道曲，這在傳統的科儀典籍中都有所規定。如唐末杜光庭所撰的《北斗延生清醮儀》一書中，對該醮儀表演程序的規定依次為：祝香、叙事、述聖、宣次、三上香、懺悔、讚德、七皈依、三獻、散壇等。對這一程序，杜光庭解釋說：以祝香為先，然後叙陳科教。拿『道』、『俗』而言，如没有緣份，則不會有至誠的信仰，降聖亦難，因此以『叙事』次之。叙事之後，如果不懂得星宿名位，則不知『北斗』在星宿中的尊位，所以以『述聖』次之。述聖畢，如不陳詞，其『誠』就得不到體現，所以以『宣詞』次之。要陳已之誠心，清福禳災，如不發願得道，後已先人，則不能與聖人上德相契合，故以『三上香』次之。然後方可懺悔己之罪業（孽），思七元（北斗七星）之德，以祈佑助，故以『讚德』次之。又行七皈依，『三獻』之科。其威儀俱備，則存想祈禱，『言功送神』，仰空存慕，不可以有加也』。最後行散壇儀式，結束『北斗延生』醮儀。㉙

再如現今上海地區正一道常用的《進表》科儀，它的程序為：啟師、瑤壇、分燈、金玉、敕水、請聖、燒香、上齋、沖表等。儀式開始，法鼓三通，打擊樂器齊鳴；演奏道樂《迎仙客》，迎請高功和法衆（一般為八人）入壇。《迎仙客》樂聲未落，《香偈》咏聲即起：『清静自然香，煙散十方……』接着，法衆念唱《三符命》。在瑤壇仙樂中，高功啟奏玉皇後，轉入『分燈』儀式，讓陰靈脱離地獄，照破幽暗之燈，用『日月星』三光之慧，以接風火之光，使陰靈受度；道士還採用了唱白，羣答和燈炬揮舞的藝術手段。在『金玉』中分別以金鐘和玉磬作為樂器，分別擊出天數之聲及地數之韻，意即天地陰陽之數，震蕩宇宙，引請各部官將吏、萬聖千真來光臨壇場。對凡居之妖塵，世間之孽瘴，運用『敕水』之法將其掃除。然後，演唱仙樂《香水偈》、《風入松》《九御》、《三寶偈》等。『請聖』、『燒香』中，隨着悠揚、舒緩的音樂聲，請聖法師與請聖官，遙望天顏；法師恭敬地再次執香於玉爐之中並灑法水，滌塵氛；而後迎接九御光臨。當請三清時，樂師們奏起了嗩吶，似三清儀仗前呼後擁、鶴馭鸞車紛紛降臨。聖駕光臨，法師便開始燒香，此時樂師便奏起細樂曲牌《柳腰緊》。『沖表』儀式中，法師立於罡毯上，隨樂起舞，飄飄上昇，朝拜天門，脚踏天上諸星宿，身隨祥雲直詣大羅天，至玉京金闕，表奏元始。㉚

總之，道教音樂與齋醮科儀密不可分，它在使用中完全服從於齋醮科儀的需要。由於齋醮科儀的結構和內容極其繁雜，所以，與之相對應的道教音樂的內容和形式也就十分豐富。下面，我們就來看看道教音樂有哪些形式。

(三) 道教音樂的形式

從總體上來看，我國道教音樂的形式主要分為聲樂和器樂兩大類型：

一、聲樂類型

根據體裁形式的不同，可分為下列幾種：

○ 韻曲

各地的稱呼不盡相同，又有『韻腔』、『經韻』、『經懺曲』、『經腔』、『經曲』、『讚嘆』、『讚』、『唱讚』、『腔讚』、『曲』等稱謂。它是一種旋律性强，調式調性明確，音階形式與曲體完整，採用詠唱的道教歌曲。這種形式的聲樂曲，無論在正一道、全真道，還是火居道以及其它流派的道樂中都是常見的。根據音樂風格的不同，在全真道的韻曲中，又有十方韻和地方韻之分：

①十方韻，又稱全真正韻。它是全真道的十方叢林以及部分宮觀通用的韻。據考察，全真道的十方韻，近代以來已廣泛流傳於我國北京、陝西、甘肅、河南、山東、江蘇、浙江、湖南、湖北、河北、四川等地。這些地區的十方韻所通用的曲目，大體都是根據清光緒三十二年（一九〇六年）在成都問世的《重刊道藏輯要·全真正韻》一書所編訂的曲目。㉛其曲目分別為：《澄清韻》、《舉天尊》、《雙吊掛》、《大啟請》、《小啟請》、《天尊板》、《中堂讚》、《小讚韻》、《大讚韻》、《步虛韻》、《下水船》、《干倒拐》、《反八天》、《早皈依》、《午皈依》、《晚皈依》、《風交雪》、《仙家樂（一）》、《仙家樂（二）》、《白鶴飛》、《三寶香》、《三寶詞》、《送化讚》、《焚化讚》、《三尊讚》、《單吊掛》、《倒卷簾》、《雲樂歌》、《供養讚》、《青華引》、《大救苦引》、《圓滿讚》、《九條龍》、《幽冥韻》、《三炷香》、《慈尊讚》、《黃籙齋》、《仰啟咒》、《三信禮》、《三拿鵝》、《五召請》、《陰小讚》、《五供養》、《悲嘆韻》、《小救苦引》、《召請尾》、《返魂香》、《十傷符》、《金骷髏》、《銀骷髏》、《咽喉咒》、《梅花引》、《反五供》、《出生咒》、《寶籙符》、《跑馬韻》。

下面這首《步虛韻》就是現今流傳於四川全真道觀中的一首十方韻（見例一）。

②地方韻，是指僅限於某一地區全真道（也包括某些道派）觀單獨使用的韻，其流傳範圍較窄，它往往與當地流傳的民歌、說唱、歌舞、戲曲等音樂有密切聯繫，具有鮮明的地方

例1. 步虛韻

（十方韻）

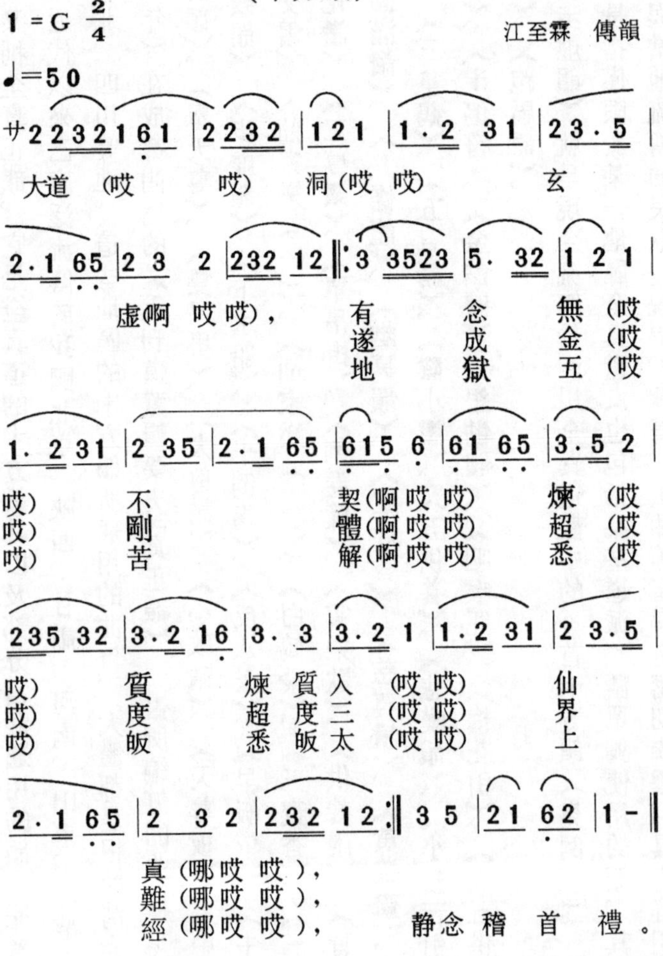

甘紹成 記譜

風格。從現今我國主要地區流傳的地方韻來看，分別有：北京韻（北京地方韻）、嶗山韻（山東地方韻）、東北新韻（遼寧等省的地方韻）、白雲山經韻（陝北地方韻）、廣成韻（四川地方韻）、武當韻（湖北地方韻）、應奉韻（河南地方韻）、洞經韻（雲南地方韻）等。上述經韻，各具地方特色，顯示出我國道教音樂豐富多彩、百花齊放的蓬勃生機，為廣大人民羣衆喜聞樂見。諸如：具有北方氣息的北京韻，富有膠東韻味的嶗山韻，如泣如訴的東北新韻，具有陝北風味的白雲山經韻，川味濃厚的廣成韻，等等。地方韻所使用的韻曲，其曲名與唱詞內容大多與十方韻相同，只是曲調相異。

下面這首《小讚》是現今四川全真道觀流傳的一首地方韻——廣成韻（見例二）。

例 2. 小　贊

（廣成韻）

江至霖　傳韻

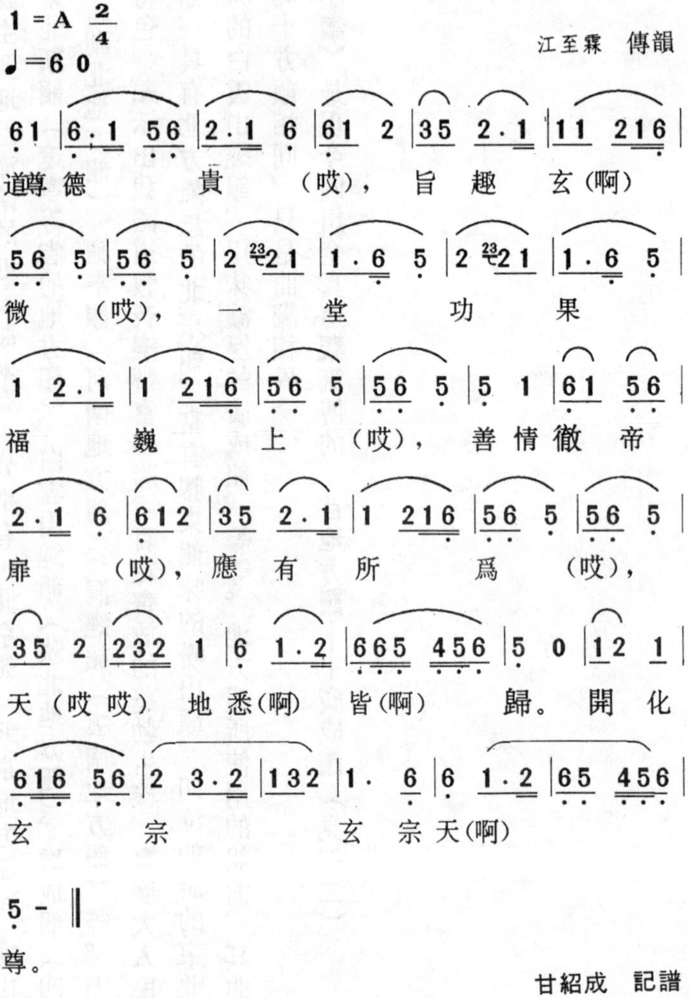

甘紹成　記譜

○吟誦曲

各地稱呼不一，又有『吟誦調』、『吟誦』、『吟』、『引』、『誦誥腔』等稱謂。它是一種以語言音調為基礎，歌腔風格較弱，調式調性相對獨立或不夠獨立，但又具有一定的聲調起伏和完整的五聲音階，主要以吟唱方式唱的聲樂曲。這種形式的聲樂曲，無論在正一道、全真道音樂，還是火居道音樂中都是常見的。如全真道『早晚功課』儀式中使用的《玉清誥》、《上清誥》、《太清誥》、《斗姥誥》、《三官誥》、《玄天誥》等『誥曲』，以及各個道派在科儀表演程度中由高功在『稟職、請聖』時吟唱的《請聖板》（又稱《數聖板》、《朝韻》等）均屬吟誦曲。

下面這首《數聖板》是現今流傳於湖北武當山道觀中一首吟誦曲（見例三）㉜。

○朗誦曲

又稱『朗誦調』、『朗誦』、『諷經腔』、『念咒腔』等。它是一種完全按照語言聲調高低，詞曲結合緊密，調式調性不鮮明，音階形式不完整（多限於四聲音列），音調起伏小，結構缺乏獨立性，演唱風格具有朗誦特點，並介於吟誦與念白之間的一種聲樂曲。這種形式的聲樂曲，主要有各地全真道觀在『早晚功課』儀式中演唱的各種經、咒如《常清常靜經》、《消災護命經》、《禳災度厄真經》、《玉皇心印妙經》、《淨心神咒》、《淨口神咒》等（譜例略）。

例3.

數聖板

1 =♭A $\frac{2}{4}$

♩=72

喇萬慧　唱

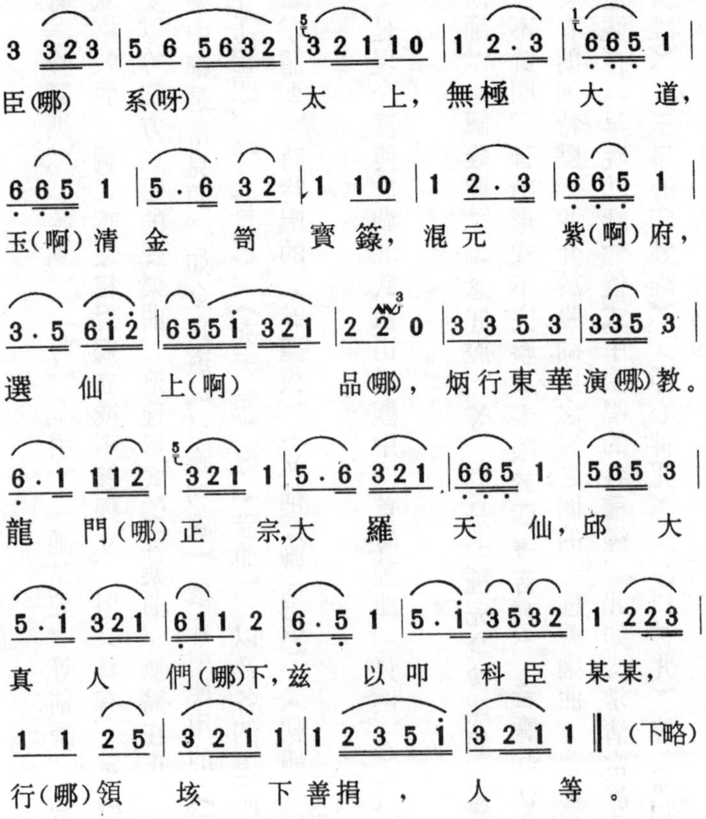

二、器樂類型

根據樂器組合與演奏形式的不同，器樂類型又可分為下列幾種形式：

○絲竹樂

即由絲弦樂器（二胡、琵琶、三弦、揚琴、秦琴、阮等）和竹製吹管樂器（笛、簫、笙等）加部分音量較小的打擊樂器（鈴、鐺、薄鑔、鼓等）合奏的形式。這種形式，多見於江南一帶如蘇州、上海、杭州以及臺灣、雲南等地的道教音樂中。所演奏的曲牌因地而異，代表曲目主要有蘇州正一道音樂中的《步步驕》，上海正一道音樂中的《迎仙客》、《玉芙蓉》、《柳腰緊》等。

○吹打樂

即由吹管樂器（嗩吶、管子、笙、笛等）和打擊樂器（鑼、鐃、鈸、鐃、鑔、鼓等）合奏的形式。這種形式在全國各地的道教音樂中幾乎都使用，並已形成一些著名的吹打樂種，如陝西道樂中使用的『西安（道派）鼓樂』，山東、山西、河北、遼寧等地道樂中使用的『笙管樂』，江蘇道樂中使用的『蘇南吹打』，四川、雲南道樂中使用的『大樂』等。其曲目，僅以江蘇道樂為例，它使用過的吹打就有《步步高》、《雁兒落》、《金字經》、《山坡羊》、《浣溪沙》、《大浪淘沙》、《走馬》、《沽美酒》、《剔銀燈》、《醉仙喜》、《滾綉球》、《石榴花》、《一封書》、《滿庭芳》、《青鸞舞》、《暖溶溶》、《四邊静》、《甘州歌》、《喜魚燈》、《泣顔回》、《十八拍》、《下西風》、《萬花燈》、《將軍令》等。

○打擊樂

即由純粹的打擊樂器如鐺、鉸、二星、引磬、鈴、鉸、鑼、鈸、鐃、鑔、鐘、磬、鼓等樂器，按照一定的組合方式合奏的形式。它廣泛使用於全國各地的道教音樂中。這種形式在全真道樂中，大體又可分為鐺鉸牌子和法器牌子樂；在正一道樂和火居道樂中，多採用大鑼大鼓的『鑼鼓樂』形式。其曲目總的來看，主要有：四川道樂中使用的鐺鉸牌子樂《朝山會》、《起板》、《收板》；湖北道樂中使用的《天下同》、《行路詞》、《下水船》、《直板》、《三鑔板》、《五鑔板》；河北道樂中使用的《法鼓》、《開壇》、《落壇》、《四聲鈸》、《五聲歌》、《緊九聲》、《緊摇鑔》、《慢摇鑔》、《緊華夏》、《慢華夏》、《茴香鈸》、《朝朝鈸》；山西道樂中使用的《打鬧臺》、《發擂》、《三通鼓》、《開壇鐃》、《三啟頌》、《步虚》、《大河溪》、《七聲皈依》、《小河溪》；以及江蘇道樂中使用的清鑼鼓曲牌《十八六四二》等。

○管弦樂

這是近年來湖北武當山，北京白雲觀等道觀為了適應新的發展形勢，率先使用的一種新型的器樂演奏形式。它是綜合了傳統道教音樂中絲竹音樂與吹打音樂的各自特長，將其合而為一，融吹、拉、彈、打為一體，分別採用吹管樂器的吹管樂器的笛子、簫、笙、管子、嗩吶，拉弦樂器的二胡、中胡、彈撥樂器的琵琶、三弦、阮、揚琴等，打擊樂器的二星、鐺子、鉸子、鈴、鑼、鐃、鐘、磬、鼓、木魚等，從而豐富了道教音樂的演奏形式，更提高了道教音樂的表現力。

道教音樂以其悠久的歷史、豐富的內含、多樣的形式，融全國性、地方性為一體，薈萃了我國道教音樂的傳統藝術精華，向人們展示了它在道教文化、藝術方面的重要價值。魯迅先生曾經說過：『中國的根柢，全在道教，……以此讀史，有多種問題可迎刃而解。』[33]同樣，要深刻認識和瞭解中國音樂，道教音樂是不可缺少的重要樂種。它蘊含着我國許多古老的曲調，傳統的音樂形式，是我們借以研究古代音樂的遺存的活化石。道教音樂在產生和發展過程中，既吸收了我國的傳統音樂，又影響了我國民族音樂的發展。過去，許多著名的音樂家如古琴演奏家張孔山，二胡、琵琶演奏家阿炳、管子演奏家楊元亨，西安鼓樂演奏家安來緒，十番鑼鼓演奏家朱勤甫等人，就是在這塊土壤上誕生出來的重要人物；近代以來所產生的許多優秀作品，如阿炳的二胡曲《二泉映月》，聶耳的民樂合奏曲《翠湖春曉》，黃自的清唱劇《長恨歌》，黃海懷移植的二胡曲《江河水》等都與道教音樂有血緣關係。

總之，道教音樂在我國的文化生活中，對豐富羣衆的文化活動、適應民俗生活、保存和發展中國民族民間音樂等方面，均起過積極作用。尤其是在過去文化生活十分貧乏的廣大農村，農民們觀賞道教科儀音樂，猶如觀看文藝演出。今天，道教音樂正以新的姿態，在國內外的文化藝術交流中發揮重要作用，為世界和平作出貢獻。

註釋：

①《道門通教必用集》卷一《歷代宗師略傳》、《正統道藏》第五十三冊第四二九四〇頁，又見《歷世真仙體道通鑑》卷四十《杜光庭傳》，《正統道藏》第八冊第六五一〇頁。

②參見卿希泰主编《中國道教史·第一卷》中王明撰『序』，四川人民出版社一九八八年版。

③參見王純五、甘紹成編著的《中國道教音樂》一書『上篇』部分，西南交通大學出版社一九九三年版。

④《宗教學研究》（內刊）第六期，四川大學《宗教學研究》編輯室一九八五年編。

⑤崔令欽《教坊記·序》。

⑥參見武藝民《法曲與山西道教音樂》一文，載《音樂舞蹈》一九八六年第一期（內刊）。

⑦《新唐書·禮樂誌》第十二。

⑧參見劉堯民《詞與音樂》一書第二三七頁，雲南人民出版社一九八二年版。

⑨載《中國音樂學》一九九二年第二期。

⑩⑪分別參見卿希泰主编《中國道教史·第二卷》第五四四頁、五四九頁，四川人民出版社一九九二年版。

⑫《宋史》卷八《本紀》第八。

⑬見該書第四三八頁，中國社會科學出版社一九九一年版。

⑭參見吉雲《邱祖在嶗山留下的遺跡》一文，載《中國道教》一九八八年第一期。

⑮參見曾召南、石衍豐編著的《道教基礎知識》一書第一一四頁。
⑯《明史·樂誌》。
⑰明嘉靖中江永年《茅山誌後編》。
⑱參見王忠人《道教經韻樂章與古代宮廷祀樂章》一文，載《黃鐘》一九九一年第四期。
⑲參見陳國符《道藏源流考》一書下册中「附録三」《道樂考略稿》一文，中華書局一九六三年版。
⑳參見陳大燦《漫談道教音樂》一文，載《文史知識》一九八七年第五期。
㉑參見楊蔭瀏、曹安和《蘇南吹打曲》一書第四十三頁，音樂出版社一九五七年版。
㉒參見王純五、甘紹成編著的《中國道教音樂》一書「上篇」部分，西南交通大學出版社一九九三年版。
㉓參見武漢音樂學院道教音樂研究室編的玉溪道人閔智亭傳譜的《全真正韻譜輯》一書「序」。中國文聯出版公司一九九一年版。
㉔分別參見陳蓮笙《上海道教概況》一文，載一九八六年《道協會刊》第十七期（內刊）；陳耀庭《上海道教齋醮和「進表」科儀概述》一文，載香港《國際道教科儀及音樂研討會論文集》，曹本治、羅炳良編輯。
㉕轉引自張鴻懿《北京白雲觀道教音樂研究》一文（油印稿），一九八九年十二月二十九日香港首屆「道教科儀音樂研討會」論文。
㉖王純五主編《灌縣宗教誌》（內部發行）一書第九頁。
㉗轉引自李養正《道教概説》一書第二八〇頁二八一頁，中華書局一九八九年版。
㉘《廣成儀制》係由清代道士陳復慧（字仲遠、號雲峰羽客）校輯的科儀典籍（共四十卷約二百餘科）。
㉙參見盧國龍著《道教知識百問》一書第一三七頁至一三八頁，今日中國出版社一九八九年版。
㉚參見史孝進《「進表」科儀音樂概論》一文，載《中國道教》一九九〇年第一期。

㉛參見甘紹成《全真道曲——十方韻的流傳》一文，載《黃鐘》一九九一年第四期。
㉜引自史新民主編的《中國武當山道教音樂》一書第八十二頁，中國文聯出版公司一九八七年版。
㉝《致許壽裳》，《魯迅全集》第九卷第二八五頁。

六、道教舞蹈

道教舞蹈是道教齋醮科儀活動中使用的舞蹈，它在齋醮科儀中常與音樂相結合，並通過自身的舞蹈語言來表達一定的宗教內容和感情，所以又可稱為道教樂舞或道教歌舞。道教舞蹈不僅廣泛用於齋醮科儀，而且還常作為宮廷歌舞以及民間歌舞中的一個節目在其它場合進行表演。道教舞蹈是道教藝術的重要組成部分，在中國舞蹈藝術中佔有重要地位。

下面，分三個部分加以介紹：

（一）道教舞蹈的歷史

在我國，道教舞蹈的歷史同道教音樂一樣悠久。若追溯其淵源，它與我國先秦時期早已盛行的巫教祭祀樂舞有關。早在道教舞蹈產生以前，民間就盛行巫教的祭祀舞蹈，這種舞蹈，先秦文獻稱為『巫風』。《尚書·伊訓》說：『敢有恒舞於宮，酣歌於室，時謂巫風。』《疏》：『巫以歌舞事神，故歌舞為巫覡之風俗也。』擔任巫教祭祀歌舞的表演者統稱為『巫祝』，簡稱『巫』。徐慎《説文解字》：『巫，祝也。』巫能歌善舞，自謂神靈附體，代傳天意；祝善言辭，代人上表祝願，以求神靈保佑。可見，巫是人與神之間的媒介，既是巫教祭祀儀式的執行者，又是通曉歌舞的人。巫祝在祭祀時，通過歌舞表演來達到『娛神』、『悦神』和『降神』的目的，形成了巫教祭祀歌舞。如在先秦的巫教祭祀舞蹈中，有一種稱之為『禹跳』（又稱『禹步』）的步法，它得名於夏禹『病偏枯』、『足不相過』的傳説。①《荀子·非相》謂：『徐偃王之狀，目可瞻焉，仲尼之狀，面如蒙倛……禹跳，湯倫，堯、舜參牟子。從者將論志意，比類文學邪？』楊倞註：『禹跳』，『偽枯之病，步不相過，謂之禹步。』雲夢秦簡《日書》中記有遠行巫術中『投符地』，『禹步三』，『告曰某行毋咎』之術。②《淮南萬畢術》記有『夜有巫披髮北向禹步』的咒鼠之術。③因而楊雄在《法言·重黎》中曰：『巫步多禹』。這種古老的舞蹈步法，成為後世道教舞蹈的生成之源。

東漢，隨着五斗米道的產生，便出現了道教的齋醮科儀和道教舞蹈。而道教舞蹈的產生，是直接源於巫教的祭祀舞蹈，據《後漢書》卷四十九《王符傳》引其《浮侈篇》中說：『又婦人不修中饋，休其蠶織，而起學巫祝，鼓舞事神，以欺誣細民，熒惑百姓妻女。』但是，五斗米道時期的道教舞蹈比較簡單、原始，其舞蹈動作主要有『跪拜』形式，據《魏書·釋老誌》載：『及張陵受道於鵠鳴，因傳天官章本千有二百，弟子相受，其事大行，齋祀跪拜，各成道法。』

兩晉北朝時期，隨着道教齋醮科儀的日漸增多，道教舞蹈的動作愈來愈豐富。這個時期，見於文獻記載的就有：『禹步』、『步綱躡紀』、『踴躍』、『旋繞』、『旋行』、『八拜九叩頭』、『九搏頰』、『散髮』、『燒香』、『稽首行禮』、『巡繞』、『巡行』、『散花繞香』、『手把十絶』等道教舞蹈術語。它們已包括了步法、身段、頭勢、手勢等動作，無疑具備了道教舞蹈的特徵。上述舞蹈動作，當以『禹步』和『步綱躡紀』最具特點。『禹步』的產生，顯然來自巫教祭祀舞蹈，在東晉葛洪《抱樸子·內篇》中之《仙藥》、《澄涉》兩篇中均有關於『禹步』的記述，認為『凡作天下百術，皆宜知禹步。』在《仙藥篇》中，葛洪對『禹步』的跳法作了這樣的說明『禹步法，前舉左，右過左，左就右，次舉右，右過左，左就右，如此三步當滿二丈一。』另據成書於北魏永平元年（五〇八年）的《洞神八帝元變經·禹步致靈第四》說：『禹步者，蓋是夏禹所為術，召役神靈之行步。以為萬術之根源，玄機之要旨。……禹屆南海之濱，見鳥禁咒，能令大石翻動，此鳥禁時，常作是步。禹遂模鳥其行，令之入術。』④這種舞步經過道教的推演，同時又演變為與道教禮拜星斗召請神靈有關的『步罡踏斗』（又稱『步綱躡紀』）步法。上書又說：『禹步先舉左脚，三步九跡，跡成離坎卦。步綱躡紀者，斗有九星，取法於此故也。』以上材料說明，道教在繼承了巫教『禹步』之後，自東晉至南北朝加工、整理、逐步將禹步發展成為『步罡踏斗』的舞蹈形式。

唐代，由於李姓皇室尊寵道教，使道教樂舞有了很大發展。這個時期，在皇室的倡導下，出現了一些著名的道教樂舞如《上元樂》、《霓裳羽衣舞》、《紫微八卦舞》。在這些樂舞中。『《上元樂》是唐高宗時作的。舞者一百八十人，穿五色的畫雲衣，以象元氣，所以叫《上元樂》，富有道教的色彩。《唐會要》記載這個舞的樂名有「上元，二儀，三才，四時，五行，六律，七政，八風，九宮，十州，得一，慶元之曲。」它和《破陣樂》、《慶善樂》後來都修入雅樂，多用於郊廟祭祀。』⑤《霓裳羽衣舞》是唐玄宗時產生的著名樂舞，詩人白居易稱讚此舞是『千歌萬舞不可數，就中最愛霓裳舞』。它的產生與唐代崇奉道教有關，我們從該樂舞曲調的創作過程便可得知：

《霓裳羽衣舞》的音樂稱為《霓裳羽衣曲》，它是唐開元年間玄宗帝李隆基創作的一首道調法曲。其創作動機產生於一個遊仙的幻想。據《太真外傳》註：『霓裳羽衣曲者，是玄宗登三鄉驛，望女兒山所作也。』故詩人劉禹錫有詩云：『……開元天子萬事足，惟惜當時光景促。三鄉驛上望仙山，歸作霓裳羽衣曲。』音樂描繪了一個虛無縹緲的神仙世界，而它所反映的卻是唐代崇奉道教的現實，詩人白居易在元和（八〇六——八二〇年）年間見到當時宮廷表演此樂舞時，舞者的打扮是『不著人家俗衣服。虹裳霞帔步搖冠，細瓔累累佩珊珊』，儼然一副道家仙女的打扮。其舞姿是『飄然轉旋回雪輕，嫣然縱送遊龍驚。小垂手後抑無力，餘曳裾時雲欲生。』『煙娥劍略不勝態，風袖低昂如有情。上元點鬟招蕚緑，王母揮袂別飛瓊。』⑥

關於《霓裳羽衣舞》的表演情況，據詩人白居易《霓裳羽衣舞歌和微之》的記載，全曲共分三十六徧（段），由散序（六徧）、中序（十八徧）、曲破（十二徧）三部分組成。散序的六徧全是自由節奏的散板，由磬、簫、箏、笛等樂器獨奏或輪奏，不舞不歌，即所謂『磬、簫、箏、笛遞相攙，擊、擫、彈、吹聲迤邐。』『散序六奏未動衣，陽臺宿雲慵不飛。』中序又名拍序或歌頭，它可能是一個慢板的抒情樂段，但中間可能還有由慢轉快的幾次變化。它有歌有舞，也有器樂伴奏，即所謂『中序擘騞初入拍，秋竹竿裂春冰拆』。曲破又名舞徧，以舞為主，可能只有樂器伴奏而没有歌唱。開始時，有散板的引起，稱為『入破』。白居易《卧聽法曲〈霓裳〉》詩稱：『朦朧閒夢初成後，婉轉柔聲初破時。』可見其舞蹈曲調是相當抒情的。以後很快就轉入『繁音急節十二遍，跳珠撼玉何鏗錚』的快板部分。這一部分在轉入快板前可能有一個由散板入快板的過渡段『虛催』，中間也可能有一個由快轉更快的幾次變化。舞曲結尾時節奏再次放慢，然後拖長一音作結，白居易自註云：『凡曲將畢，皆聲拍促速，唯霓裳之末，長引一聲也』。

《紫微八卦舞》的舞制今已不詳，只是在《混元聖紀》卷八中有這樣的記載：『（開元二十九年辛巳）二月辛卯，帝制《霓裳羽衣曲》、《紫微八卦舞》，以薦獻於太清宮，貴異於九廟也。』

此外，除《上元樂》、《霓裳羽衣舞》、《紫微八卦舞》外，唐代還流行《紫極》、《舞鶴鹽》等道教樂舞。

五代時，道教樂舞在齊醮科儀中出現了『三獻』的樂舞形式，據杜光庭《道門科範大全集》卷十一云：『再拜，上香，初獻酒，舉《玉清樂》，奏樂。再拜，上香，亞進酒，舉《上清樂》，奏樂。再拜，上香，終獻酒，舉《太清樂》，奏樂。』其歌、舞、樂三者繼續發展，法壇上真可謂：『奏鈞天廣樂，鼓雲璈，吹赤簫，鸞歌鳳舞，霓幢羽葆，燃香捧花，步虛讚詠，旋繞天尊。』並『廣陳雜樂，巴歌渝舞，悉參其間。』⑦

宋代，道教舞蹈在宮廷和民間都有發展。這個時期，宮廷中出現了一些頗具道教色彩的隊舞，如『拂霓裳隊』、『鳳迎樂隊』、『彩雲仙隊』。據《宋史》卷一百四十二《誌》第九十五載：『隊舞之制，其名各十：……五曰拂霓裳隊，衣紅仙砌衣，碧霞帔，戴仙冠，繫抹額。……七曰鳳仙樂隊，衣仙砌衣，戴雲鬟鳳髻。……九曰彩雲仙隊，衣黃生色道衣，紫霞帔，冠仙冠，執幢節鶴扇。』而在民間，則出現了反映道教神話人物鍾馗的舞蹈《舞判》（又稱『跳判官』或『跳鍾馗』）。據南宋孟元老《東京夢華録·駕登寶津樓諸軍呈百戲》載：『有假面長髯，展裹緑袍、靴、簡，如鍾馗像者，旁一人以小鑼相招，和舞步，謂之「舞判」。』上述舞蹈的出現，反映了宋代時道教舞蹈藝術及道教神仙思想對宫廷舞蹈和民間舞蹈所產生的影響。

此外，道教舞蹈步法——『步罡踏斗』仍繼續流傳。據宋張君房《雲笈七籤》卷六十一在追溯當時道教中使用的『步罡踏斗』之法時這樣説：『諸步綱起於三步九跡，這叫禹步，其來久遠。其法先舉左脚，一跬一步，一前一後，一陰一陽，初與終同步，置脚横直，互相承如丁字形，亦像陰陽之會。』

明代，朝廷設『神樂觀』，專司雅樂、道樂。『神樂觀掌樂舞，以備大祀天地、神祇及宗廟、神稷之祭，隸太常寺，與道録司無統屬。』⑧『吳元年（一三六七年），命自今朝賀不用女樂。先是，命選道童充樂舞生，至是始集。』⑨由於雅樂與道樂的合流，必然使道教舞蹈進入宫廷，對宫廷舞蹈產生影響，以至於明太祖在制定宫廷雅樂時，還重用道士冷謙『定樂舞之制』。⑩從中可以看出道教舞蹈與宫廷舞蹈的關係。

清代以後，道教舞蹈在原有基礎上，又發展了多種舞蹈動作，今見於清光緒三十二年(一九〇六年)成都二仙庵住持閻永和校刊的《廣成儀制·鐵罐施食集》與《廣成儀制·玉帝正朝集》(上、下)二書中，就載有『掐訣』、『結印』、『書符』、『書諱』、『振尺』、『執令』、『持劍』等舞蹈動作。其中，尤以『結印』最具特點，其舞蹈動作是由高功法師來擔任。表演時，一般使用雙手手指比畫出各種表意性圖案。如在《廣成儀制·鐵罐施食集》一書第三十二頁中有『手執令牌，書水食二符畢；再六遍，雙手結二印。』這種結印的舞蹈手勢十分豐富，可變化出若干各具有代表意義的手印。

近代以來，道教舞蹈仍在繼續發展，各地名山、道觀以及民間道壇中仍保留了一些獨特的舞蹈形式，如蘇州玄妙觀、湖北武當山在齋醮科儀中表演的『飛鈸』、『甩鐃』特技就說明了這一點。鈸和鐃實際都是一種同類樂器，它廣泛用於各地的道教音樂中。隨着道教音樂活動在民間的廣泛開展，道教樂師們在吸收、借鑑民間雜耍的基礎上，便創造了『飛鈸』和『甩鐃』的特技。如過去蘇州玄妙觀在舉行道教科儀中，所表演的『飛鈸』就十分壯觀。表演時，用二隻或四隻多至七隻的銅鈸，使其上下飛舞，或前或後左右上下旋轉，或使七隻鈸瞬息停留在另一持鈸手上重迭旋轉。『飛鈸』表演旨在悅神、避煞、增强醮壇氣氛。一般在午壇『大司朝』中，穿插於『發符』召神遣將時表演，分為上、下兩半套。上半套用二至四隻鈸，用棉布帶繫住，表演程式有『開四門』、『花籃』、『翻鈸口』、『繞鈸口』、『頂手指』、

『鎮壇』、『椿頭』、『雙避煞』、『繞頭頸』等。下半套用四至六隻鈸，不繫帶，表演程式為『下水塔』、『幢寶塔』、『元寶錐』、『飛鈸』等。[11]此外，近代武當山道教音樂中『甩鐃』的舞蹈動作也很有特點，表演時，表演者將一面大鐃猛地從手中旋拋至數尺高的空中，繼而趁它落下之際又猛然抓住繼續拍奏；過一時再將另一面大鐃如法拋出又接回拍奏；表演至高潮時還雙併交叉甩，從胯下甩，從腰后甩。形成的套數有：『鳳凰單展翅』、『黑虎鑽襠』、『背後接槍』、『雪花蓋頂』、『枯樹盤根』、『左偏馬』、『右偏馬』等。套數不管怎麼多怎麼難，總要在點子上，拍在點子上，和整個音樂配合得十分和諧，絕不『亂套』。[12]

（二）道教舞蹈的類型

道教舞蹈的類型根據身體主要運動部位的不同，大體上可分為以下三類：

一、以步法爲主的舞蹈

○步罡踏斗

道教『步罡踏斗』這一步法性舞蹈，至遲在南北朝時就已形成，它在當時的文獻中又稱為『步綱躡紀』。是源於巫教禹步而形成的一種舞蹈形式（本章第一部分已提及），經過唐宋以後的不斷發展，至明清時，這種步法性舞蹈已發展出多種形式，現仍保留於各地名山、宮觀以及民間道壇的道教科儀。一九九三年九月十七日至二十六日，北京白雲觀、香港青松觀、臺北指南宮在北京白雲觀內聯合舉辦的『祈禱世界和平，護國佑民羅天大醮』法會期間，白雲觀經樂團的科儀道士在《鐵罐施食》科儀中，就表演了『步罡踏斗』的舞蹈。

表演時，高功、提科、表白分別下法臺到壇中一塊鋪着繪有『八卦太極圖』的壇布上表演，其舞步宛如踏在星斗罡宿上，步行轉折，飄飄然若神仙下凡，表情莊重肅穆，動作步態剛柔相濟，令人讚嘆！

○步虛旋繞

『步虛旋繞』，簡稱『旋繞』，此步法性舞蹈至遲在東晉末葉就已出現，據此時出現的《太極真人敷靈寶齋戒威儀諸經要訣》一書中說：『齋人以次左行，旋繞香爐三匝，畢。是時亦當口咏《步虛躡無披空洞章》。所以旋繞香者，上法玄根無上玉洞之天大羅天上，太上大道君所治七寶自然之臺，無上諸真人，持齋誦咏，旋繞太上七寶之臺。今法之焉。』從該舞蹈的表演特點來看，它是一種隊舞形式。表演時，由法師率領法衆以次左行，旋繞香爐三匝或旋繞治臺，同時口咏道教歌曲《步虛》，所以文獻中常以『步虛旋繞』稱之。今存明代《道藏》中之《靈寶玉鑑·卷三》中就有：『都講舉，按步虛旋繞或止於每日午朝命魔亦可』

或『都講舉，按步虛旋繞，次知磬舉』等文字說明。步虛旋繞又稱『步虛巡行』和『步虛旋行』，如劉宋陸修靜《太上洞玄靈寶授度儀》中有『禮十方畢，師起巡行，咏《步虛辭》。』北周《無上秘要》卷五十三有『旋行三匝，繞香燈，口誦《步虛洞章》。』唐末杜光庭《太上黃籙齋儀》卷五十《三塗五苦頌》八首云：『旋行三同，如步虛法。』其意皆指『步虛旋繞』。近代以來，『步虛旋繞』的舞蹈已不單是『口咏《步虛》，旋繞三匝』的舞蹈形式了，而由此衍化出像『轉天尊』和『轉八字』的舞蹈形式。例如，北京白雲觀道士在舉行《早晚功課》儀式時，中間就穿插有『轉天尊』的舞蹈：《早課》中的『轉天尊』經師們一邊念『雷聲普化天尊』，一邊『轉天尊』。其排列次序是按打擊樂器來排前後：第一位是鈴，後跟重鼓、木魚、引磬、鐺、鑔，跪經的道衆隨後跟着，順旋三還九轉後各跪原處。《晚課》中的『轉天尊』，經師一邊念『太乙救苦天尊』，一邊『轉天尊』。其法也是旋三還九轉，但採用的是倒旋順序。[13]此外，在山西長子縣火居道士舉行的《傳十供》科儀中，還有一種『轉八字』的舞蹈，其步法類似『旋繞』（本章第三部分將詳述）。

二、以手勢爲主的舞蹈

○結印

道教『結印』的舞蹈形式非常獨特，它帶有神秘的色彩，過去很少人把它當作舞蹈形式來看待，從發掘研究中國傳統舞蹈的角度出發，我們認為『結印』是一種手勢性舞蹈。這種舞蹈有其自身的特點，它就是一種無聲的語言，常常通過手勢變化比劃出各種具有意義的圖案，達到一種『此時無聲勝有聲』的效果。關於它產生的歷史，現在還暫無考證，但至遲在清代流行的《廣成儀制·鐵罐施食集》一書中就已有記載。該書中載有若干種結印的舞蹈手勢，它通常由高功法師擔任表演。表演時，一般用雙手比劃出具有一定含義的舞蹈手勢。這些手勢均有自己的代表名稱，如：《玉清印》、《上清印》、《太清印》、《震卯印》、《離午印》、《兌酉印》、《坎子印》、《金樓玉室印》、《餓鬼印》（見圖一）、《信香印》、《更生印》、《朝天印》、

圖1　餓鬼印

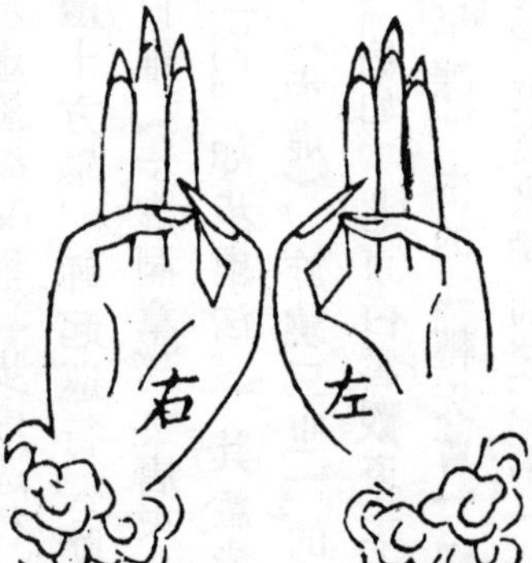

圖2　水印

《靈護印》、《金橋印》、《大明神光印》、《水印》（見圖二）、《枯骨更生印》、《遷神度品印》、《降魔印》、《玉文印》、《靈寶普度印》、《白鶴印》、《普度法橋印》、《救苦印》、《生天印》、《往生印》、《開通業道印》、《光明印》、《慈悲印》、《生天得道印》、《快樂印》、《七祖印》、《上生印》、《自在印》、《度人印》、《蓮花印》、《救苦印》、《五嶽印》等。

○ 掐文

掐文是一種用單手五指比劃的道教舞蹈手勢。表演時，道教高功法師在左手上用大拇指去掐其餘四指中代表一定含義的文位（或稱字位）。其文位的名稱有『酉文』、『午文』、『印文』、『玉文』、『子文』、『丑文』等，可以說包括了二十八宿、南辰北斗、平罡三臺、五行、九紫、天干、地支等名稱。掐文的舞蹈手勢在過去蘇州道教樂舞中稱之為『掐訣』，其表演方式，據《蘇州道教藝術集》⑭一書第五十二頁介紹：『捙訣都是用左手，因為右手濁左手清，掐時是用大拇指去掐其它手指上要掐的字。』如該書中附有多種『手訣』的圖案，其名稱有『二十八宿手訣』、『南辰北斗手訣』、『平罡三臺手訣』（見圖三）、《五行手訣》（見圖四）、『九紫罡手訣』、『地支』、『八卦』、『天干』等。

○ 書諱、書符

『書諱』和『書符』也是道教科儀使用的舞蹈手勢。表演時，道教高功法師根據法事的要求，右手或握成劍訣（即劍指），或執令尺和其它法器在空中以及法事道具（如花幡、文

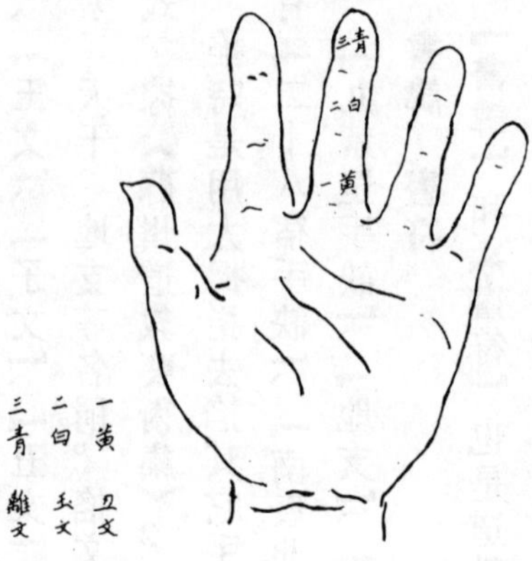

圖3　平罡三臺手訣

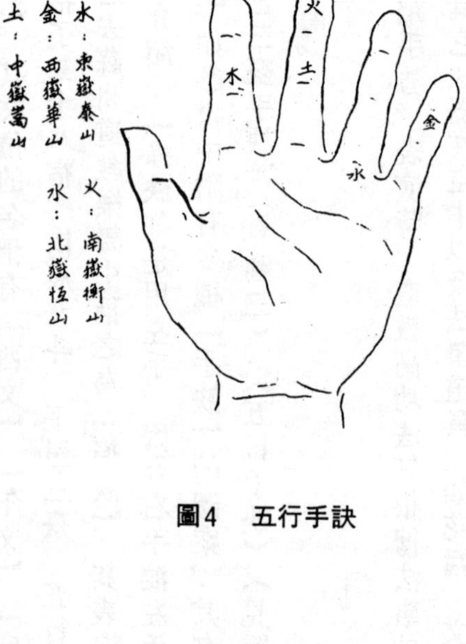

圖4　五行手訣

函、盂等）上虛書（畫）出一神秘的圖案符號。如一筆書出的即是諱，兩筆以上書出的便是符。在《廣成儀制·鐵罐施食集》一書中載有多種『書諱』和『書符』的圖式，其名稱大致有《好生諱》、《三天秘諱》（見圖五）、《食符》、《水符》（見圖六）。

○舞劍

『舞劍』是道教高功在科儀中表演的手勢性舞蹈。科儀中表演此舞蹈，往往具有『召神遣妖』的含義。現今，在我國某些地區的道教科儀中仍保留有此節目，據姜彬編的《吳越民

圖5　三天秘諱

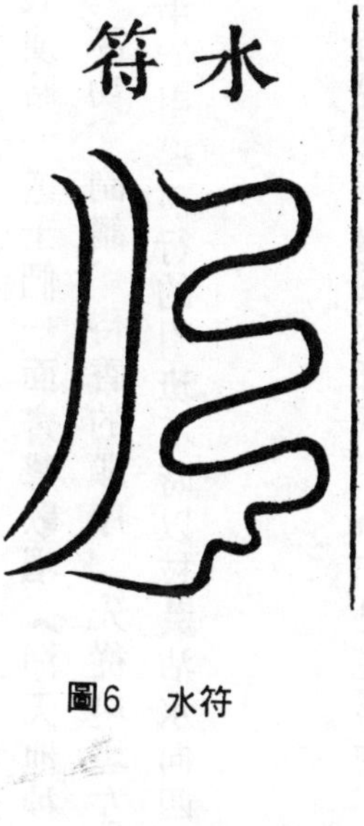

圖6　水符

間信仰民俗》一書第四五八頁介紹：在吳越地區的道教科儀中，由俗道士（按：實際為火居道士）在表演《舞劍》時，舞者穿着大紅開氅，開氅上繡有龍虎圖案，戴網子，（俗稱正生巾）與甩髮，着高方（或穿平時所穿的鞋子），手執祖傳寶劍。在琴聲、木魚聲、鑼聲中翩翩起舞。《舞劍》在整個『拔茅船』儀式中多次反覆出現。先是『請神鬼入筵』，道士以劍舞召請神鬼，邊舞邊歌；在『演道戲娛神』中，道士又是邊歌邊舞，勸神鬼喝酒進茶，此時還有幫腔；在『送神歸程與請鬼入茅船』、『送茅船』，俗道士的劍舞則猶如『途窮匕首現，揚眉劍出鞘』，若武士之搏殺，追殺疫鬼。⑮

綜合性的舞蹈形式在道教科儀中比較常見，它的表演特點是綜合了手勢、步法以及身段等表演動作，而不是單純用某一種運動來表演。這類舞蹈大致有：

三、綜合性的舞蹈

○**灑淨**

此舞蹈的表演，在臺灣天師派道教儀式中是這樣的：當水白法事做完時，便準備了一盂能滌氛穢的水（一般為淨水），上置一截花枝，以便沾水之用。『灑淨』的目的主要是清除壇內外的穢氣，它在《步虛》之後表演。如行水白之儀式，則接在水白之後。『灑淨』是由全體道士合力進行的隊舞形式（按：也有獨舞）。表演時，道士們一面齊聲歌唱《淨天地神咒》，一面繞灑水淨壇。繞壇的隊伍依引班、都講、高功、副講、侍香的順序，先從壇場左方繞過三清壇一匝，次在壇前交班旋繞。整個過程中，引導前行的引班不時以枝葉沾水向四處灑，以清除壇場的穢氣。⑯

○**運香**

「運香」的舞蹈在道教科儀中亦很常見，其表演特點在臺灣的天師派科儀中是這樣的：表演程序分為五段，分別為洞案、三清、左班、右班、及三界壇前運香。洞案前捻香畢，餘四壇之捻香有繞壇的動作，道衆取與灑淨相同的行列繞壇，手持朝板，徐步慢歌，侍香手持所需之香，以備高功之用。道衆依次至各壇前時止步面向神像，侍香即呈上三柱香，高功捻香，並默念香咒，如『天朗氣清，三光洞明，金童玉女，為吾啟靈，關告此心，奏達三清（三清前捻香咒）』等。各壇捻香畢，高功作揖，道衆、醮主等隨之一拜，之後高功將香插於各壇之香爐。

『運香』的目的，是要關告三清大帝、護壇之左、右班官將及三界萬靈，在長達多日的醮祭期間，請他們關照壇場諸事物，其途徑是由香煙表達之。『運香』的舞蹈雖由道教高功執行，但因整個儀式需由道衆們共同完成，他們也需表示誠敬，因此透過全體的歌唱，將載負赤誠心意形諸聲音，融為一定的信息後由香煙傳達。⑰

○舞施食

『舞施食』的舞蹈主要流行於陝西省一帶。過去，陝北佳縣白雲觀道士在舉行《鐵罐施食》的科儀中有這樣一種舞蹈形式。它又稱『舞樂』，表演時，道士五至七人妝扮成仙童、玉女等形象，手舉『神燈』，與樂班列成縱隊，翩翩起舞，在法師帶領下，雲步向前，由慢漸快，繞轉圓場，猶如蛇盤龍舞狀而起伏變化，還時而將油燈隨手翻轉，或拋向上空，穩接而不灑滅，舞停樂止。⑱

○舞茅船

『舞茅船』的舞蹈形式主要流傳於吳越地區，用於道教『拔茅船』儀式中。表演時，茅船以竹蔑為架，用稻草或麥桿紮成。如船狀，船頭置一草縛的舵手，船中置櫓篙，插有桅帆，以彩紙裱飾。『拔茅船』儀式前，茅船放於屋前滴水檐下，意為停在船埠頭。當儀式至『請鬼入船』時，兩乞丐一個把頭，一個甩尾。將茅船抬至中堂，並點燃船中燭燈。此時，道士進病人家屋內，披髮仗劍，四處擊鬼而舞，驅趕鬼怪上茅船；之後以掐訣灑淨水驅鬼上茅船。屋裏的鬼怪上了茅船，道士在前引路，沿八仙桌擺成『品』或『噐』的外圍轉圈，而乞丐抬船尾隨，先是模仿船起航狀起舞，再是模仿船慢行狀而舞。舞了一陣後，乞丐抬船順三圈，逆三圈快速的『跑船』，意為船在快速行駛，且越跑越快；此時茅船中的火燭亮着，行船猶如『流星』，頗為壯觀。緊接着『跑船』，乞丐將茅船快速肩至村外河旁燒毀或擲於水中使之氽走。⑲

○**串燈**

『串燈』是流行於吳越地區的道教舞蹈。表演時，人數有九人，其中八個護法道士身着黃或黑色龍鳳道袍，頭戴道帽，脚穿布鞋，手持半圓形的六角陽臺荷花燈，在大法師的帶領下，在地上四角各放一盞的花燈間串越起舞。因法師自己也執一盞燈，共九盞，故此舞又稱『九幽燈』。法事儀式中，類似『串燈』的較多，如『串地燈』、『荷花燈舞』等都與此大同小異。⑳

○**跑馬舞**

『跑馬舞』也是流行於吳越地區的道教舞蹈。原稱『召神虎』，常見於『三七』獻花道場，流傳於上海嘉定、寶山及江蘇太倉一帶。相傳，古時，鐵牛大將軍魯元帥能昇天入地提魂攝魄，於是，道教在作法事中，召請魯元帥從陰曹地府中引亡靈進入西方極樂世界，故名召神虎。表演時，場上擺五張八仙桌，每桌上置一紙製『五方童子』；『紙馬』如真馬一樣大，以竹紙製成，放於場中。表演者五人，一扮馬伕，一個法師，兩個『班首』。主要表演者為『馬伕』。整個舞蹈分四段：『趟馬』、『配馬』、『法事』、『跑馬』。『趟馬』、『配馬』、『跑馬』的表演如戲劇中的表演，『法事』由法師為主表演，先引朝奏，再出『神虎牒』，請魯元帥出『豐都城』提攝亡靈；法師的主要動作是『手勢舞』，以手勢做成各種形狀。㉑

○**舞紅櫻槍**

香港新界農村流傳的道教舞蹈之一，用於正一道『打武』科儀。表演時，道士手裏拿着一條紅櫻槍，在三清壇前面登場。他單手拿住紅櫻槍的中間，將其慢慢旋轉，慢慢加速，右旋左轉，越來越快，最後迅轉如車，奪觀衆之目，以後漸漸停止而退。㉒

○**打火席**

香港新界農村流傳的道教舞蹈之一，用於『打武』科儀。表演時，道士身上蒙着一張草席，跳出在三清壇前面。那張蒿席四角，紮着油紙，油紙上貼着火。道士用雙手把那張蒿席迅速盤旋，油紙上火焰燃起，旁邊爆包也著火燃燒，道士在閃光轟響之中，依然把火席旋轉下去。令人瞠目，約做五分鍾，做完即退。㉓

〇 **打火球**

香港新界農村流傳的道教舞蹈之一，用於『打武』的科儀。表演時，道士手裏拿著一條竹筒登場。竹筒裏裝著油紙點火。道士把它扔向空中，落下來時用手接，再向上扔。再落下，再接。如此作十幾次而後已。㉔

〇 **打火流星**

香港新界農村流傳的道教舞蹈之一，用於『打武』科儀。表演時，道士手裏拿着一套火流星登場。火流星是一條長繩，其兩端紮着一大束香爆以及油紙，燃之。道士拿住這一條長繩的中間部分，很快地左旋右轉，空中顯出一個大圓形火線，形似於火流星。旋轉時，爆包在油紙上，爆裂發光，使人嚇一跳。道士把火流星一來一往，一上一下，甚至於把它移到自己腳下，迅速旋轉。如此做五、六分鍾，做完即退。㉕

〇 **拿火盆**

香港新界農村流傳的道教舞蹈之一，用於『打武』科儀。表演時，道士用手捧着火盆登場。在一個陶盆裏盛滿一大堆油紙，點燃後，道士拿著火盆在醮壇上跑來跑去，最後把它放到禁壇儀桌下面。㉖

總之，道教舞蹈的類型非常豐富，本章只能選擇其中具有代表性的舞蹈加以介紹，尚有部分舞蹈如發爐、復爐、分燈、捲簾、化壇等形式，留待以後再作專題介紹。

（三）道教舞蹈的隊形與舞譜

一、舞蹈隊形

道教舞蹈的隊形是舞蹈構圖的一個重要方面，它在中國舞蹈中有自己的特色。經過近年來中國舞蹈、音樂工作者對道教舞蹈的發掘整理，從中總結出不少道教舞蹈的隊形變化來。如在河北、山西、浙江、江蘇等地的道教科儀中，道士在舉行科儀時，均形成了自身的舞蹈表演隊形，產生出一幅幅富有民族審美特徵的舞蹈構圖。例如，過去河北巨鹿縣道教科儀中，道士在進行科儀表演時，形成舞蹈隊形就有所謂：「四朵梅花」、「雙八字」、「橫八字」、「大八字」、「雙橫列」、「雙縱列」等構圖。㉗

而在今山西長子縣火居道士舉行的《傳十供》㉘科儀中有一種「轉八字」的舞蹈形式。表演時，當十樣供品（香、花、燈、水、果、茶、食、寶、珠、衣）獻上之後，道教法師領衆道士及所有人員在院外道場內小跑。謁拜五方土（東、西、南、北、中）：東面供桌上供

奉東方青靈始九氣天尊牌位，西面供桌上供奉西方皓靈老七氣天尊牌位，其謁拜路線始終圍繞中央轉八字形（見圖七）

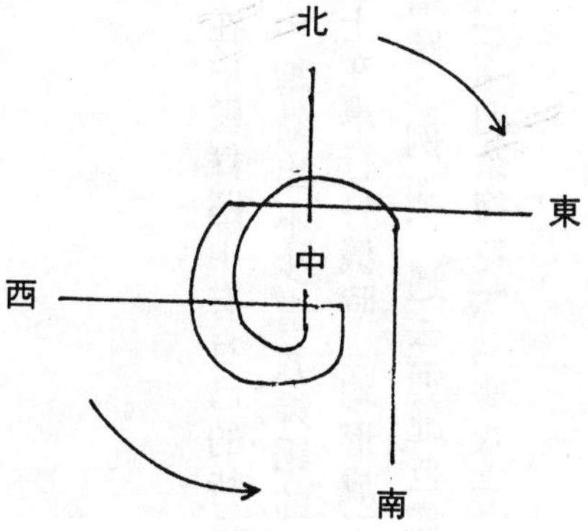

圖7　八字形

請五方諸神，享用人間供品，以求賜福人間，保護衆生。繞八字時誦唱請五方《請神曲》。

此外，過去吳越地區道教科儀中還有一種《串五方》的舞蹈形式，表演時，五隻臺子排成東、南、西、北、中的梅花形狀，含金、木、水、火、土之意，五六名道士手執響樂器，沿臺子兜圈，圈數多少均可，每跑一次變一次隊形，基本隊形有：『鐵條般』、『童子拜』、『拔拷挓』等。[29]

再如，本世紀五十年代蘇州道教科儀中也有許多具有民族特色的舞蹈隊形，在中國舞蹈藝術研究會編輯的《蘇州道教藝術集》（油印本）一書中收載有十八幅道教舞蹈隊形構圖，均係當時的舞蹈工作者根據道士實際表演所繪。茲引該書第三十九頁所繪《圖形種類》分列於下，以供參考：

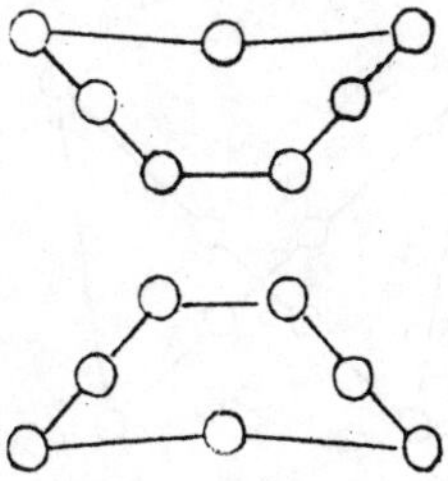

圖8　外元寶

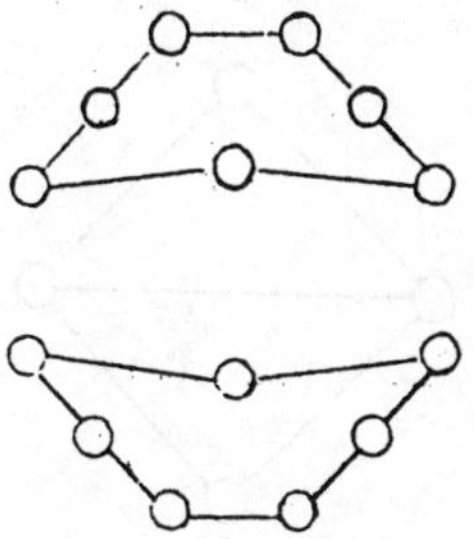

圖9　內元寶

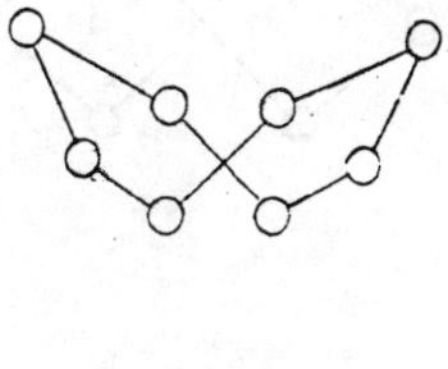

圖10　蝴蝶(一)

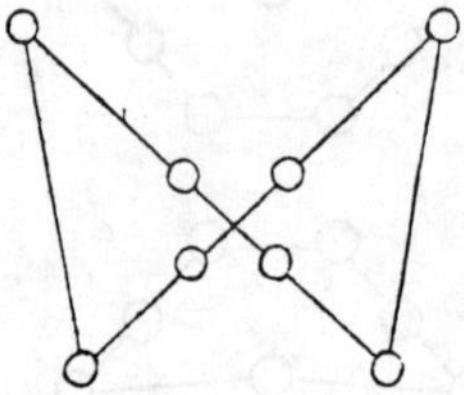

圖 11　蝴蝶(二)

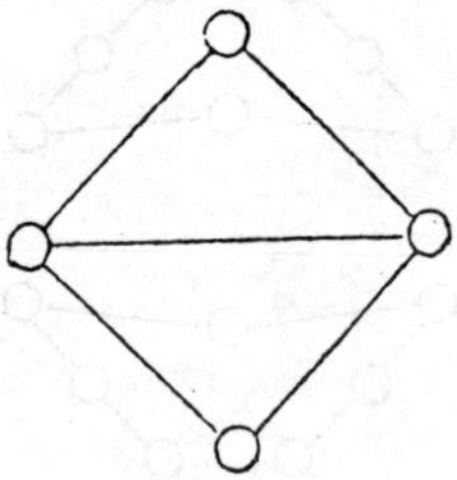

圖 12　四角

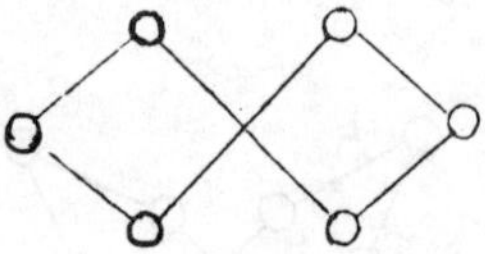

圖 13　六角

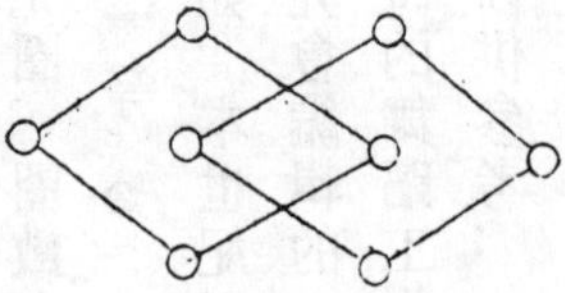

圖 14　八角(一)

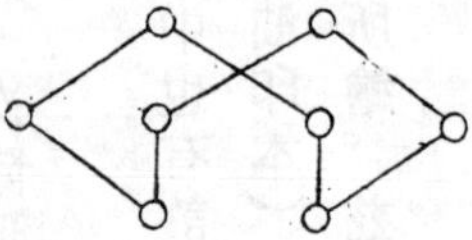

圖 15　八角(二)

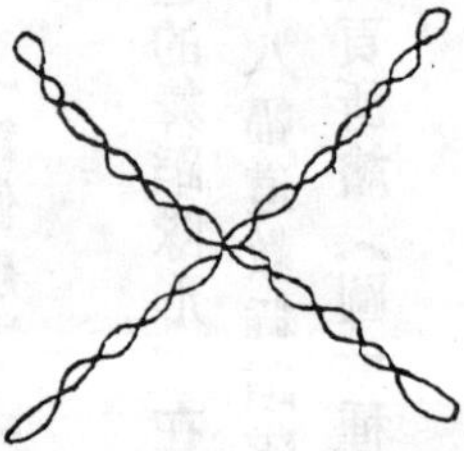

圖 16　十字鏈條

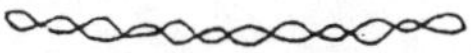

圖17　鏈條箍

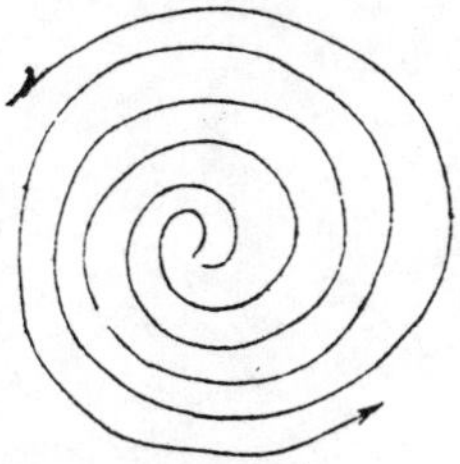

圖18　捲炮

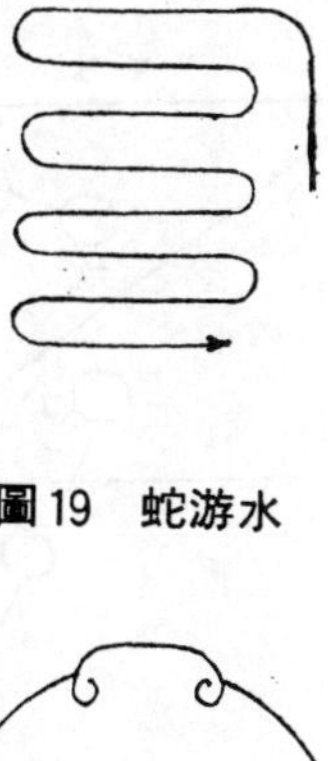

圖19　蛇游水

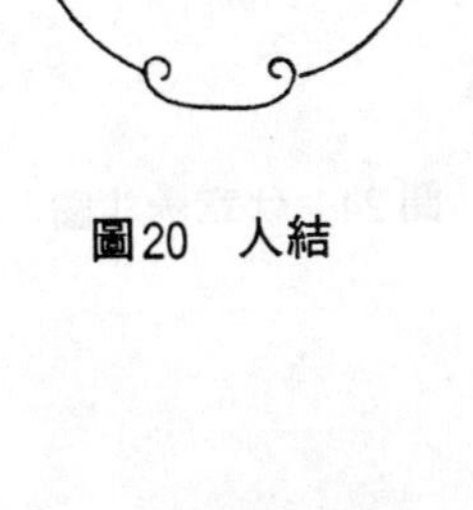

圖20　人結

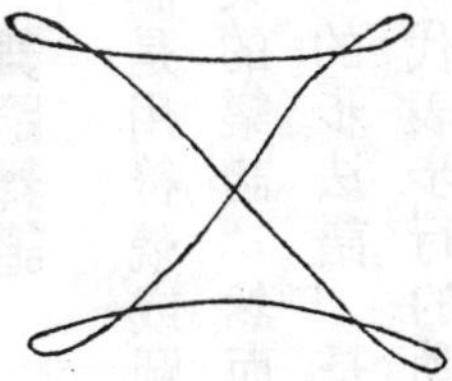

圖21　大四角

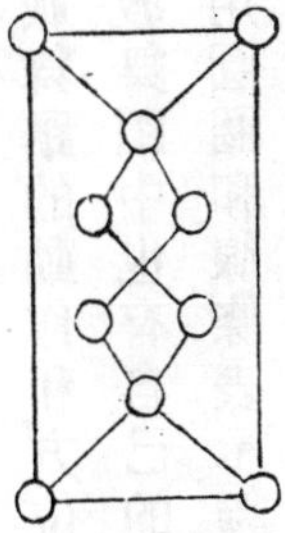

圖22　無名(一)

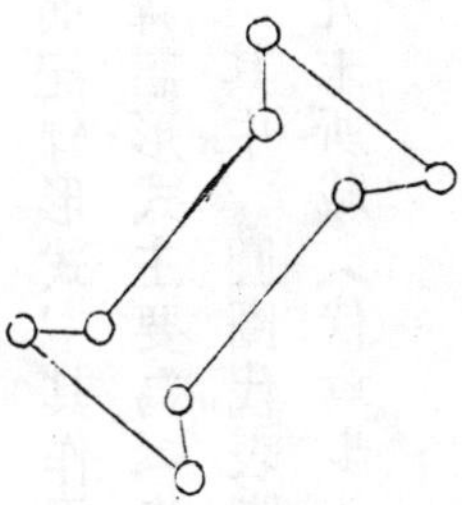

圖23　無名(二)

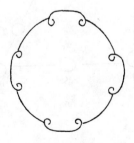

二、舞蹈舞譜

舞譜是用符號或圖文來記載舞蹈的動作和方位變化的一種書面記録形式，其作用相似於記録音樂的樂譜。然而，在道教舞蹈中也有自己的舞譜形式。其舞譜形式主要為「步法譜」。道教的步法譜，是一種採用圓圈和線條表示舞蹈步法的圖形。其中，圓圈代表脚踏的位置；線條代表步行的動作。據南宋呂太古《道門通教必用集》卷九末所載《伏章步斗圖》的舞譜為：

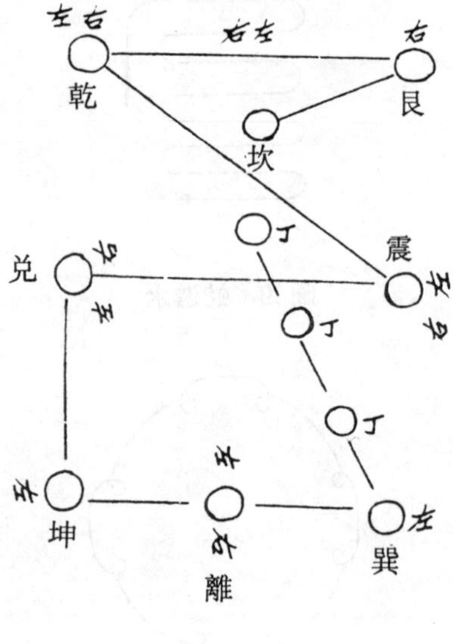

圖 24　伏章步斗圖

上書並附《步斗歌》云：『坎雙艮隻步交乾，震上雙行兑亦然。坤隻離雙單步巽，三臺歸去便朝天。』

按圖中所示：左，代表左脚；右，代表右脚；乾、兑、離、震、巽、坎、艮，均為八卦名；丁，疑代表臺，即所謂上、中、下三臺。據此，《步斗歌》大意為：左右雙脚先踏在坎卦上，次用一隻右脚踏在艮卦；接着左右雙脚依次踏在乾卦、震卦、兑卦；之後用一隻左脚踏在坤卦上，至離卦時便用雙脚踏；接着換一隻左脚踏在巽卦上，再『三臺歸去便朝天。』

道教舞蹈的這類步法譜非常豐富，在明代《道藏》中所收《靈寶玉鑑》一書卷七、卷九、卷十二、卷二十中分別載有用舞譜形式記錄的多種『步罡踏斗』舞蹈步法。其名稱有《冬至後圖》、《夏至後圖》、《交泰罡》、《交泰罡轉步》、《步七星》、（又稱《步北斗》）、《二十

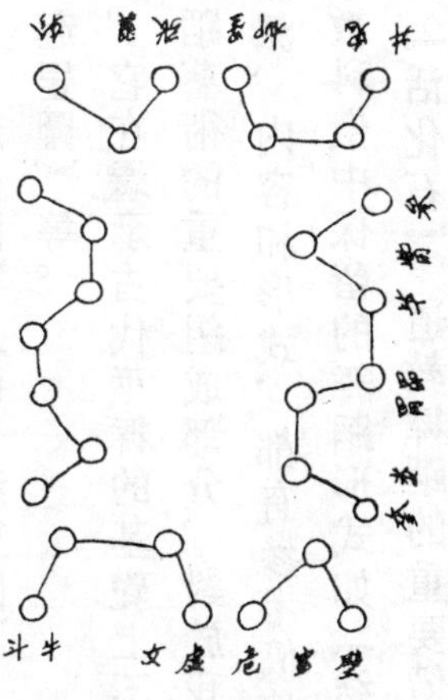

圖25　二十八宿罡

八宿罡》(見圖二十五)、《步神虎罡》、《遣將罡式》、《申日起罡圖》、《己日起罡圖》、《乙庚日起罡圖》、《丙辛日起罡圖》、《丁壬日起罡圖》、《戊癸起罡圖》等。

道教舞蹈在中國的舞蹈史上寫下了光輝的篇章，它在繼承古代巫舞的基礎上不斷發展出許多獨特的舞蹈形式。這些舞蹈形式，成為中國舞蹈藝術的重要組成部分，對於我們認識和瞭解道教藝術的內涵，和研究中國舞蹈的歷史、流派、內容和形式，都有參考價值。今天，當我們在進行『古舞尋源』的工作中，我國各地道教科儀中保留的舞蹈形式如『結印』、『步罡踏斗』等，無疑成為舞蹈界研究古代舞蹈遺存的『活化石』。道教舞蹈的重要價值，也必將為更多的人們所認識，在中國現代舞蹈的發展中發揮作用。

註釋：

①《尸子·廣澤》，《廣博物誌》二五引《帝王世紀》。
②《雲夢睡虎地秦墓》圖版一三九、一五二，文物出版社一九八一年版。
③《太平御覽》卷九一一引。
④《道藏》第二十八册三九八頁。
⑤歐陽予倩主編《唐代舞蹈》第九十四頁，上海文藝出版社一九八〇版。
⑥白居易《霓裳羽衣舞歌和微之》。
⑦張若海《玄壇刊誤論》十七。

⑧《明史》卷七十四《誌》第五十。
⑨⑩《明史》卷六十一《誌》第三十七。
⑪參見張鳳麟《蘇州道教音樂淺析》一文，載《中國道教》一九九〇年第四期。
⑫參見譚大江《淺談武當山道教音樂在歷史演變中的三個時期》一文，載《中國道教》一九八八年第二期。
⑬參見黃信陽《全真早晚功課簡介》一文，載一九八六年《道協會刊》第十八期（內刊）。
⑭中國舞蹈藝術研究會編（油印本），一九五七年。
⑮上海文藝出版社一九九二年版。
⑯⑰參見呂錘寬《臺灣天師派道教儀式音樂的功能》一文，載《中國音樂學》一九九〇年第三期。
⑱參見劉潔《佛道音樂在陝西民俗中》一文，載《音樂探索》一九九〇年第一期。
⑲參見姜彬主编《吳越民間信仰民俗》一書四五九頁，上海文藝出版社一九九二年版。
⑳㉑參見姜彬主编《吳越民間信仰民俗》一書四五五頁。
㉒㉓㉔㉕㉖參見田仲一成《道教儀禮與祀神戲劇之間的關係》一文，載曹本治、羅炳良編輯《國際道教科儀及音樂研討會論文集》第一五五頁。
㉗參見潘忠禄《巨鹿縣道教音樂》一文，一九八七年九月湖北襄樊市『全國首屆宗教音樂編輯工作會議』論文（油印稿）
㉘參見孫秀華《祭用〈傳十供〉——長子道教民間儀式活動之一》一文，載《音樂舞蹈》一九九〇年一期。
㉙參見姜彬主编《吳越民間信仰民俗》一書四五五頁。

七、道教繪畫

道教繪畫是以宣傳道教教義與神仙思想為主要內容的繪畫形式。它既可用來供道教信徒禮拜敬奉，又可供宮觀、道院殿堂陳設宣教，還可供普通人學習和欣賞。因此，道教繪畫往往又是道教藉以引發信仰熱忱、擴大宣傳影響的一種重要工具。它選擇適當的道教題材，結合中國畫的傳統技法，以形象化的藝術語言表現道教的內容和情感，是道教藝術的重要組成部分，在中國傳統繪畫藝術中佔有重要地位。下面，分三個部分加以介紹：

（一）道教繪畫的歷史

我國道教繪畫的歷史非常悠久，若追溯其歷史淵源，它與我國早期以巫教祭祀、神話人物為表現內容的繪畫形式是一脈相承的。道教淵源於巫教、神仙思想、鬼神信仰等，早在戰國時，我國的繪畫作品中就出現有表現這類題材的作品。一九四九年，湖南長沙陳家大山楚墓中曾發現了我國現存最古的繪畫作品《龍鳳人物》圖。這幅畫約二十八公分高，約二十公分寬。圖中畫有一位婦女，側面，細腰，左向而立，頭後挽着一個垂髻，並繫有裝飾物。衣長曳地，大袖身小袖口，婦人的兩手向前伸出，彎曲向上，作合掌狀。婦人頭上部左面，畫有龍與鳳鳥。從畫面上看，它似一幅反映巫教祭祀內容的作品，描繪一個女巫正在為死者超薦。在女巫之上，還畫有龍、鳳，它代表龍、鳳引道昇天。該畫是一幅帛畫，畫中所表現的為死者祈求天祐的內容，正是當時楚人的一種習俗。①

秦漢之際，隨着神仙思想的盛行，宮廷或墓葬器物中的神仙人物畫也發展起來。一九七二年湖南長沙發現的西漢早期馬王堆一號漢墓中出土有一幅『T』形帛畫，畫面分上、中、下三部分。上部勾畫出天上仙界勝景以及女墓主奔月昇仙的圖像；中部為人間，畫女墓主拄杖緩行，死後陰魂出行昇天等；下部畫地下，包括從海底到陸地的景象。這一幅畫中所表現的女墓主昇天意境，顯然為後世道教女仙飛昇圖之所本。②

繼長沙馬王堆一號漢墓帛畫出土之後，山東臨沂銀雀山九號漢墓也出現了彩繪帛畫。這種帛畫，是當時用作喪葬的一種旌幡。長條形，不作『T』形。就其內容，也分為地下、人間、天上三部分，與馬王堆一號漢墓出土的『T』形帛畫有很多相似的地方。地下部分，有魚龍水族之類的畫像，表示『九泉』（黄泉）境界；人間部分，是全圖的重要部分，描繪墓主的活動以及與墓主生前有關的各種事件，它與馬王堆的『T』形帛畫不同之點，是這部分不加圖案，没有雙龍穿壁的畫像。這部分的人物計二十四人，分為五檔排列。它的佈局，似乎自下而上，所以人物以下面一檔最大，上面一檔最小，在透視上表示向縱深發展的感覺。就五檔的情節而言，大體可以聯貫。第一檔為文武門衛，中間一人戴假面具者，擬巫覡作驅鬼狀，一門衛幫着助威。帛畫的上部為天庭，有日月為代表。這與馬王堆『T』形帛畫一樣，日中有金烏，月中有玉兔和蟾蜍。天之上有雲氣，天之下有山嶽，山與天相接。漢人有神仙思想，他們往往幻想登山而成仙，這裡畫的山嶽，無非表示死者靈魂可以自山巔上昇而至天庭。這幅帛畫，是漢人幻想靈魂上天的一種表現。③

上述作品都是東漢以前的繪畫作品，它們所表現的內容以及繪畫傳統，為後世道教繪畫的形式奠定了基礎。

東漢，道教繪畫應運而生，大約成書於順帝（一二六——一四四年）時的《太平經》一書中，就已有道教内容的繪畫作品。該書中繪有《乘雲駕龍圖》、《東壁圖》、《西壁圖》。在上述插圖中，《乘雲駕龍圖》有天尊、仙官、仙童駕龍在雲天遨遊的形象；《東壁圖》有真人、神將仙女、從戒弟子等，所繪大約是修真得道或為善得報的場面，所以稱『上古神人戒弟子後學者為善圖像』；《西壁圖》有戰鬥、殺戮場面，係警戒世人的『惡圖像』，顯然都是為宣揚神仙賞善罰惡，勸人棄惡從善而作，係道教宣傳畫。④

魏晉南北朝時期，道教繪畫逐漸成熟，並形成中國畫的一大門類。東晉名畫家顧愷之（約三四五——四〇六年）有《畫雲臺山記》，叙述畫幅上的道祖故事。據記，在畫上張天師臉形瘦削，飄然若仙，於丹崖七試弟子。顧愷之崇尚老莊，多以龍為題材作畫，附會老子猶龍之説法，對後世以雲龍為題材的道畫産生了重要影響。據《貞觀公私畫録》載，顧愷之還畫過《劉仙像》、《三天女像》等。⑤

南朝時，在某些地方的墓葬中還有反映道教内容的壁畫，這些壁畫，主要存於河南鄧縣學莊南朝墓中。該墓位於鄧縣城西北六十裡的湍河西岸，墓用特制的刻印畫像磚築成。在墓的券門上，保存了較為完好的彩色壁畫。壁畫全高三米，寬二點七米，每邊門寬零點六米。壁畫用筆流暢，中間上部畫獸首，狀極兇猛；中間兩旁各畫飛仙，衣帶飄舉，一持爐，一散花；下部左右邊各畫一守門人，手持寶劍，頭戴冠巾，朱紅上衣，皆有鬚，雙目炯炯有神。

墓葬的時代，約在南朝劉宋時。壁畫所反映的內容，頗具道教色彩。⑥

唐五代時期，道教繪畫的作品非常豐富，許多畫家都參與了道教繪畫的創作，出現大量以道教為內容的繪畫佳作。這些作品有：吳道子所畫的《明皇受籙圖》、《鍾馗圖》、《老子圖》，梁令贊所畫的《南斗星君像》，何長壽所畫的《辰星像》、《五嶽真官像》，翟琰所畫的《天尊聖像》、《太上像》，辛澄所畫的《九曜像》、《葛元真人像》、《長壽仙真人像》、《左慈真人像》，張素卿所畫的《老子過沙圖》、《五嶽朝真圖》、《九皇圖》，石恪所畫的《南北斗圖》，左禮所畫的《二十四化圖》、《三官》、《十真人》，陸晃所畫的《三仙》、《三陽會仙》，阮郜所畫的《女仙圖》等等，於此可見唐五代時期道教繪畫興盛的狀況。

宋代，道教繪畫的作品仍然豐富，其作品主要有王齊翰所畫的《三教重屏圖》、《北斗星君像》、《長生朝元圖》、《會仙圖》，武宗元所畫的《天尊像》、《朝元仙仗圖》，郝澄所畫的《寫北極像》、《神仙事蹟》，韓虬所畫的《寫太陰像》、《星官像》、《東華司命晉陽真人像》，徐知常所畫的《寫神仙事蹟》，李得柔所畫的《南華真人像》、《韋善俊真人像》、《蘇仙君像》、《譚仙君像》、《四真人像》，武洞清所畫的《侍香金童像》、《散花玉女像》，孫夢卿所畫的《太上像》、《葛仙翁像》，勾龍爽所畫的《紫府仙山圖》，陸文通所畫的《會仙圖》、《神仙圖》、《仙山故實圖》，董羽所畫的《騰雲出波龍圖》、《踴霧戲水龍圖》、《戰沙龍圖》、《穿山龍圖》，等等。

元代，道教繪畫進入了歷史發展的藝術高峰，其發展的標誌，當以著名的山西永樂宮壁畫藝術為代表，現存山西芮城縣永樂鎮的永樂宮的壁畫，是元代遺存的繪畫大作，它分畫於永樂宮的無極門、三清殿、純陽殿、重陽殿四座建築物上，共約八百多平方米。是六百多年前藝術畫師們的精心傑作。在這些壁畫中，尤以三清殿的《朝元圖》（朝元始天尊）最具特點，圖中繪有八個主像，皆著冕旒帝王裝，每一主像兩旁配以各種神祇，如仙曹、玉女、香官、使者、力士、以至金星、木星、水星、火星、土星、五嶽、四瀆、天官、地官、水官等，分三至四層安排，構成了氣勢磅礴的人物行列。畫家非常認真地對待這鋪壁畫的創作，對人物神態的刻畫，嚴謹無華，一絲不苟，對主要人物的表現，沒有一個不具個性特徵。每組神祇的羣像，也富有變化，有它强烈的藝術感染力。西壁『白玉龜臺九靈太真金母元君』兩旁的十太乙與雷部諸神，不只是在於區別文武的不同身份，還在於着重內心活動與表情特性的描寫。主像的莊嚴肅穆，玉女的温文爾雅，武士的鬚眉飛動，真人的飄飄欲仙，畫得無不真切動人，對其他人物的表情，或慈顏，或怒目，或安逸，或奮發，各得其形神，不使之一般化。對浩大行列的描寫，作者還巧妙地處理了人物之間的相互呼應，或用轉身對語，或用側身傾聽，或以左顧右盼的表情，使之成為一個自然的整體。畫筆簡練，傅彩壯麗，富於裝飾性。人物作重彩勾填，有些細部作重點加工，採用推金瀝粉來突出衣袖、瓔珞和花鈿，這裏繼承並發展了唐、宋壁畫的傳統方法，對明、清以後的繪畫藝術產生了重要影響。⑦

明清時期，反映道教内容的繪畫作品日漸稀少，其作品主要有明代畫家吳偉所畫的《北海真人》和清代揚州畫派名家金農所畫的《張天師像》，以及保留於陝北白雲山白雲觀、武漢長春觀的道教壁畫；另有一部分繪畫則以卷軸的形式與法壇上的工藝美術品一道，作為道教齋醮科儀壇場上的陳設之用。這說明，明清以來，隨着道教的逐漸衰微，道教繪畫更多用於齋醮道場。正如清初上海葉夢珠在《閱世編》卷九中說：『余幼所見（釋道）齋醮壇場，不無莊嚴色相，……今道場裝飾靡麗，固不可言。』從中可看出道教繪畫在當時的發展趨勢。

近代以來，道教繪畫仍在繼續發展。由於道教齋醮科儀活動在民間的廣泛開展，許多道壇都置備有道畫、樂器一類的家當。這些道畫，有的繪以道教神仙《三清》，有的繪以《十殿》。它們或出自道士之手，或出自民間畫工之手，均被用作道教齋醮壇場配合法事參神之用。

當代，寓居海外的著名畫家張大千，早年曾以『青城客』的身份久居四川青城山作畫，他在青城期間曾繪有上千幅作品。其中，所繪王母、麻姑、陳摶、純陽和張陵等道畫，均刻石於山，至今猶存。

(二) 道教繪畫的形式與題材

一、形式

我國的道教繪畫，主要有以下幾種形式：

○**壁畫**

壁畫，是指在建築物的牆壁或天花板上描繪的圖畫。在我國，道教壁畫的歷史非常悠久，若追溯道教產生的淵源，聯繫秦漢以前社會上流行方仙道與黃老道的史實來看，那麼，早在漢代就已出現了反映道教內容的壁畫形式了。如在一九三一年大連至旅順間營城子東沙岡屯漢墓中，就發現了與道教內容有關的壁畫，在該墓的正室左右兩壁，繪有人物及動物，室內底壁有壁畫一大幅，似墓主人的供養圖。圖之左上作捲雲狀，雲端現羽翼仙人，有單翼鳥翱翔而下，其前立一衣冠白髮人。右下繪供奉跪拜圖：上段畫戴三山冠佩劍人物，後有一小童；下段繪拜伏三人，伏拜者之前置几案，上陳食具，為供奉死者之祭品。圖之右方，繪羽翅龍形動物，只現半身。此畫線條古樸隨意，為道教壁畫的先聲。⑧

根據作畫地點的不同，我國的道教壁畫大體又可分為：

◎ **牆壁壁畫**

主要繪於道教宮觀壁堂內的牆壁上，現存牆壁壁畫主要有山東泰山岱廟天貺殿的《泰山神啟蹕回鑾圖》壁畫，山西芮城縣永樂宮中三清殿、純陽殿和重陽殿的壁畫，湖北武漢長春觀太清殿的壁畫，遼寧沈陽太清宮的壁畫，陝西白雲山白雲觀正壁內的壁畫以及四川成都青羊宮三清殿內的壁畫等。

◎ **墓室壁畫**

主要繪於墓室內的室壁上。現存墓室壁畫主要有前述遼寧營城子東沙岡屯漢墓壁畫，河南鄧縣學莊南朝墓壁畫，河北省磁縣大冢營村的茹茹鄰和公主墓壁畫，以及甘肅省泉縣城西戈壁灘上的丁家閘壁畫等。

◎ **石窟壁畫**

主要繪於沿山坡開鑿的洞窟石壁上。現存石窟壁畫主要有敦煌莫高窟第二四九窟、二八五窟道教壁畫。

◎ **天花板壁畫**

主要繪於道觀殿堂或其它建築物頂部上。所見多為圖案畫，內容涉及太極圖和花卉圖案等。現存四川青城山天師洞古黃帝祠以及上清宮雲水亭天花板上就繪有彩色《八卦太極圖》壁畫，另在其它道觀當也有類似的壁畫。

○插圖

插圖，是插在書刊中間幫助説明内容的圖畫。在我國，道教書籍插圖的歷史仍十分悠久，正如本章第一部分所述，大約成書於東漢順帝時的道書《太平經》中，就繪有反映道教内容的《乘雲駕龍圖》、《東壁圖》和《西壁圖》。以後，隨着道教書刊以及涉及道教内容的文藝書籍的大量出現，道教插圖便開始得到普遍使用。信手拈來，現存明代《道藏》所收集的道書中，其中有不少道書附有插圖。根據其用途的不同，道教插圖大體上又可分為圖解插圖和藝術插圖兩種：

◎圖解插圖

主要使用於道教書籍，如經書、科書（科儀典籍）等道書中起補充文字内容的作用。現存明《道藏》中之《靈寶玉鑑》一書中就載有若干與道教齋醮符籙有關的圖解插圖，其圖解内容有：關於旌、幢、幡、節、扇、寶蓋的《飛空霓旌》圖、《朝元朱幢》圖、《建壇幡》圖、《仙境降節》圖、《五明羽扇》圖、《九天寶蓋》圖；以及反映道教神仙的《神虎三使者真形》圖、《金龍童式》圖、《茭龍童式》圖和法壇設置的《朱陵府式》圖、《生天寶臺式》圖等。

◎藝術插圖

主要使用於涉及道教内容的通俗小説、戲劇中用以點綴故事情節，增加讀者興趣。這種插圖在明代的通俗小說《拍案驚奇》、傳奇《修文記》以及元雜劇中均有。

○捲軸畫

捲軸畫，是指在紙上畫好後經裝裱加工而成的一種帶軸（即軸頭）的圖畫，又稱『掛軸』。我國道教捲軸畫的歷史較晚，它約產生於明代。據王伯敏先生在《中國繪畫史》一書第五二七頁註云：「明崇禎時，北方『道教點齋，懸多幅小掛軸，上畫符咒，四周畫花或雲氣，或山水、極工細，皆設色。』」明清以來，捲軸畫廣泛用於道、佛二教的法事壇場作為道場陳設，成為道士、和尚外出舉行水陸道場時藉以參拜神、佛的道具。如在山西右玉縣寶寧寺所保存的一百三十六軸水陸畫中，其中就以有天后聖母、三官大帝的道教捲軸畫。清代以來的道教捲軸畫，大都出自民間畫工之手，這些畫工，在繪製道、佛形象時，往往把畫寺觀壁畫的一套本領用之於捲軸上。民間畫，凡繪捲軸，大都有本。格式亦有規定，如單條、堂幅或屏條，除了畫肖像、道佛像外，所畫人物、山水、花鳥，大都效法文人畫。神仙肖像有所謂『民間全神』，相傳有三百種，如神將、火神、玉皇、文財神、武財神、三仙以至神狐仙等。有些老畫工都備有粉本（即畫稿），並提出各種不同的要求，如畫武財神，要求做到『將軍盔，滿髯臉，護肩包肚袍色玄，虎皮高靴手托鞭』。『民間全神』的範圍極其廣闊，除上述玉皇、火神、財神外，有三清、三官、三聖，同時還畫文昌、孔子，甚至連魯班、吳道子都作為『神』而入畫。⑨

捲軸畫，又稱道場畫，由於它携帶方便，很適合道士外出舉行齋醮活動臨時懸掛之用，因而至今仍為某些地區的道觀所採用。一九九三年九月十七日至二十六日，由北京白雲觀、香港青松觀、臺北指南宮聯合舉辦的『祈禱世界和平，護國佑民羅天大醮』法會中，香港青松觀在北京白雲觀内臨時搭建的壇場上就陳設了若干幅道教捲軸畫。其畫分别為《玉清元始天尊》、《上清靈寶天尊》、《太清道德天尊》、《雷聲普化天尊》、《太乙救苦天尊》等神像。

二、題材

道教繪畫作品的題材大體上可分為：

〇 神像畫

以神像為題的作品在道教繪畫中佔有很大比重，其作品據文獻記載和現存繪畫作品看，大致有《元始天尊》、《太乙真人像》、《寫太陰像》、《南斗星君像》、《北斗星君像》、《土地》、《東華司命晉陽真人像》、《葛仙翁像》、《南華真人像》、《韋德俊真人像》、《水仙像》、《侍香金童像》、《散花玉女像》、《李仙像》、《劉仙像》、《天尊聖像》、《鍾馗圖》、《王母像》、《麻姑像》、《陳摶像》、《純陽像》、《張陵像》、《三官》、《三仙》、《三清》、《三聖》、《三天女像》、《四真人像》、《五老》、《五星圖》、《五嶽真官像》、《六逸圖》、《八仙》、《九曜》、《十真人》、《十友圖》、《十二真君》、《二十四化真人像》、《五星及二十八宿神形圖》、《八十七仙人圖》等。

○山水畫

以山水為題材的繪畫作品應當說早就與道教結下了不解之緣。早在晉以前，山水畫就已作為人物畫（主要是道釋畫）的自然背景，以後又逐漸從人物畫中分離出來，成為獨立的畫科。畫家顧愷之有一篇文章《畫雲臺山記》，是我國論山水畫的最早文字之一，內容是畫道教創始人張天師的故事，但將故事的背景放在雲臺山的絕巘之上，文章對如何表現場景的驚險幽深作了精心規劃。通常講，道教徒修生養性需要採天地自然之靈氣，主張在修煉中與自然合一；不少非道教徒的山水畫家也在思想上、生活情趣上傾向道家或道教，他們往往由此而崇尚自然，對名山大川和四時風物表現出極大熱情。如晉代著名書畫家宗炳就是如此，據說，他曾遊歷荆巫，南登衡嶽，因而結宇衡山，後因病返江陵，嘆曰：『噫！老病俱至，名山恐難遍遊，唯澄懷觀道，卧以遊之。』遂對所遊山水，皆圖於居室的四壁。另外，五代末宋初以『善畫屋木林石』出名的郭忠恕，仕途失意後曾『縱放岐雍陝洛之間』，據說是『尸解焉』。可見他是一位具有道教傾向的畫家，其善畫山水與此不無關係。⑩因此，我國的山水畫，是稟受自然之精華，天地之秀氣，所以陰陽、晦冥、晴雨、寒暑、朝昏、晝夜有無窮的妙味。這與道家、道教所主張的『清靜無為』、『天道自然』的哲學思想是密切相聯的。廣義地講，我國的山水畫大都可以納入到道教繪畫的範疇。這些山水畫，有的本身為道士所作，如南朝道士陶弘景就作有《山居圖》的山水畫，元代全真道士黄公望作有《富春山居圖》的山水畫；有的更多係文人雅士所作，如隋代傑出畫家展子虔就作有《仙山樓閣圖》的山水畫，五代後梁傑出畫家刑浩作有《山峰圖》、《桃園圖》、《天臺圖》，關同作有《遊仙圖》，宋代畫家勾龍爽作有《紫府仙山圖》，陸文通作有《仙山故實圖》、《羣峰雪霽圖》等，數量可觀，舉不勝舉。總之，正如王伯敏先生在《中國繪畫史》第二百七十九頁中所說：『在山水畫的創作中，更多地滲透着道教出世的無為思想。』又說：『中國古代的山水畫與道家的思想有密切的關係。』（上書四〇一頁）是不無道理的。

〇圖案畫

以圖案畫為題材的作品在道教繪畫中亦佔有很大比重。它廣泛使用於以往的道教典籍中，作為插圖形式出現。這些圖案畫大體上有：反映宇宙生成觀念的《太極圖》；反映齋醮符籙的《步罡踏斗圖》、《手印圖》、《鍊度壇式》圖、《三十二天燈圖》、《回耀輪燈圖》、《十萬聖境燈》圖；符籙之《符形圖》（與符線有區別的圖形）、幡、節、旌、幢、扇、寶蓋等圖；反映煉養的內觀圖，如《初真內觀靜定圖》；反映瑞應之物的龍、鳳、鹿、鶴及靈芝等圖。在現存明代《道藏》所收的有關道書中均可見到。

(三)道教畫家舉要

在我國歷代的畫家中，擅長道教繪畫的人物相當普遍。這些人物，有道士、文人、隱士、畫工，數量可觀，不能一一介紹，這裏僅介紹其中的道士畫家。

我國的道士畫家可以說歷代都有，可惜以往的道書、文獻涉及這方面的資料較少，沒有專書將他們的繪畫成就匯輯起來，因而本章只能就目前所掌握的有關資料進行介紹。根據歷史順序，我國已知的道士畫家有：

一、陶弘景（四五六——五三六年）南朝齊、梁時道士、著名畫家。字通明。隱於句容（今江蘇）句曲山，自號華陽隱居、華陽真逸，又曰華陽真人。秣陵人，居丹陽。家貧，工書善畫，畫品超邁，筆法精真。六歲時以荻為筆，以灰為紙，習畫學書。書工草隸，酷愛松風，常以石泉為樂。人稱『山中宰相』。畫有《羈放二牛圖》、《山居圖》。

二、陳乾暉　唐代道人、畫家。生卒年不詳。畫工出身，曾在五福觀出家（按：可能在今四川樂至境内）。善畫龍、虎。有足疾，作大型壁畫，皆命其弟子張素卿為之。

三、張素卿（八四四年——約九二七年）　唐代道士、著名畫家。《圖畫見聞誌》載其

『少孤貧落魄』。曾在節度使夏侯孜家中當差役。儘管如此，卻使他有機會在夏府中看到一些古今名畫，於是刻苦自學。藝成之後，於樂至（今四川境內）山中拜五福觀道士陳乾暉為師，從此入了道門，穿上道士服。他尤『喜畫道門尊像，天帝星官，形制奇古。』（郭若虛《圖畫見聞誌》）《益州名畫録》載其於中和時（約公元八八四年左右）在簡州（今四川簡陽縣）開元觀畫容成子、嚴君平、葛玄、黄初平、左慈、蘇耿等十二仙君，又在成都龍興寺畫龍虎，在青城丈人觀畫五嶽、四瀆、十二溪女等。在道教繪畫方面，由於張素卿本身係道士，加之又熟悉道教典籍，因而所畫道畫作品均有依據。平日一邊吸收傳統畫法，一邊潛心創造，所以成就卓著。所畫形象詭異，不落俗套；下筆如神，自始至終，無所更正，被後世畫家尊為『一代畫手』。當時從他學畫的有道士李壽儀、陳若愚，皆有畫名於一時；還有畫工張修賓、王三兒、陸世貴等。張素卿的道教繪畫，不但在當時當地受到重視，重要地還在於影響及於後世。宋、元道觀的壁畫作者，没有不尊奉他為『典範』的。在中古的道教人物中，他可謂一代先驅。

四、徐知常　宋代道士、畫家。字子中。建陽（今福建建安）人。生卒年不詳。官至沖虛大夫，蕊珠殿侍臣。能詩善文，凡是道家儒典及一切制作，他都無不通曉。尤善繪畫，他畫的神仙事蹟，表現出其本末源流，結構位置，都有秩序。畫有《寫神仙事蹟》等。

五、李得柔　宋代道士、畫家。字勝之。河東晉陽（今山西太原）人。後徙居西洛。生卒年不詳。其祖父宗固，嘗做漢州太守。得柔曾為紫虛大夫，凝神殿校輯。幼喜讀書，工詩文書畫，尤善丹青之技。他畫肖像很工，寫神仙故實，下筆有生氣。在嵩嶽寺唐吳道子畫壁內畫《四真人像》，眉目風度，構圖設色非一般畫家可比，所用朱鉛（粉）多用土石，為世俗所不能知。作品有《南華真人像》、《韋德俊真人像》、《蘇仙君像》、《浮丘公像》、《寫吳道玄真人像》等。

六、方從義　元代道士、畫家。字無隅，號方壺、不芒道人、金門羽客等。江西貴溪人。生卒年不詳。善畫山水，筆法簡潔奔放，善潑墨寫意，自成一格。其代表作有《山陰雲雪圖》（下署『金門羽客方方壺』）及《高亭圖》（左端有『方方壺』題款）。他的畫留存至今的還有《神嶽瓊林圖》、《山陰雲雪圖》、《雲林鍾秀圖》、《武夷放棹圖》等。

七、張雨　元代道士、畫家。一名天下雨，字伯雨，號句曲外史，又號貞居子。錢塘人。生卒年不詳。他工書善畫，點綴木石人物落筆遒勁、古雅，得六朝氣韻。且博學多識，詩文字畫皆為當時道品中第一。

八、黃公望（一二六九——一三五四年）　元代全真道士、傑出畫家。字子久，號大痴、一峰，又號太痴道人、淨墅，後又改名堅，晚號井西道人，亦有黃山谷之稱。江蘇常熟人。畫史上稱他為『元四家』之冠。幼極聰敏，天資孤朗，善書法，通音律，能作散曲，中年時做過小官，因為正直被誣諂而坐牢，釋放後就返回江南做了道士，賣卜賣畫，表示了政治上的不妥協。五十歲左右專心山水畫，師法董源、巨然，博採衆長，自成一家。據張醜《清河書畫舫》載：『大痴畫格有二：一種作淺絳色者，山頭多巖石，筆勢雄偉；一種作水墨者，皴紋極少，筆意尤為簡遠。』講究以書入畫，畫中有書，着重骨法用筆，筆中見墨，不多作渲染，就達到氣清質實，平淡天真的藝術境界。其代表作《富春山居圖》明清兩代摹本，約有數百本。現存作品有《溪山雨意圖》、《九峰雪霽圖》、《江山勝覽圖》、《天池石壁圖》等。晚年曾隱居浙江富春山。著有《寫山水訣》傳世。

九、倪瓚（一三〇一——一三七四年或一三〇六——一三七四年）元代全真道士、傑出畫家。字元鎮，號雲林，別號有朱陽館主、蕭閒仙卿、東海瓚等。江蘇無錫梅里鎮人。自幼好學，性情敦厚，慷慨助人。清高絶俗，胸襟淡泊。既曾學佛，焚香參禪；又曾入玄文館學道。他在詩中自述：『嗟余百歲强半過，欲借玄窗學靜禪。』他善畫山水，初學董源，書畫秀逸疏淡，工力極深，自成一家。畫法特點，構圖多取平遠之景，善畫枯木平遠、竹石茅舍，用筆善用側鋒，多畫折帶皴，所謂『有意無意，若淡若疏』，形成荒疏蕭條一派，以淡泊取勝。他的畫天真幽淡，詩文精雅，書法雋美，稱為詩書畫三絶。亦善畫墨竹，筆法挺拔，疏朗有致。他善用側鋒乾筆皴擦的畫法，豐富了山水畫的表現技巧。作品有：《江岸望山圖》、《竹樹野石圖》、《溪山圖》、《六君子圖》、《水竹居圖》、《松林亭子圖》、《獅子林圖》卷、《西林禪石圖》、《幽澗寒松圖》、《秋林山色圖》、《春雨新篁圖》、《小山竹樹圖》、《容膝齋圖》、《修竹圖》、《紫蘭山房圖》、《梧竹秀石圖》、《新雁題詩圖》等。

十、傅山（一六〇七——一六八四年） 明末清初道士、書畫家、篆刻鑑賞家、醫學家。字真山，號青主、公佗等。康熙十八年（一六七九年）薦舉博學鴻詞，仕至中書舍人。被徵入都，然以老病辭歸。少聰慧，工書善畫，博通經史，並工詩文。兼長篆隸行草，尤精篆刻。收藏金石極豐。辨別真偽，百不失一，稱當代巨眼。甲申後服道士裝束以醫為業。他的書法理論是：『寧拙勿巧，寧醜勿媚，寧支離勿輕滑，寧率真勿安排。』善畫山水、蘭竹，丘壑磊砢，骨格權奇，寫墨竹，不落垣蹊。尤善寫竹石，卓然出塵，頗有風緻，能寫出胸中自有浩蕩之思。著有《霜紅龕集》、《傅青主女科》。

十一、朱耷（一六二六——一七〇五年） 清代道士、傑出畫家。字雪個、個山、道郎、號八大山人等。明朝寧王朱權的後裔。明亡後，他偽裝成啞巴和瘋子，以表示不妥協。清順治五年（一六四八年）落髮為僧，後又做道士，居『青雲譜』。他善畫花鳥竹木，以簡略取勝，獨出新奇。筆下魚鳥，眼睛往往畫成方形，眼珠又大又黑，頂在眼眶的正上角，顯出『白眼向人』的蔑視權貴的神態。他畫上的題款，常把『八大山人』四個字草體連書，看來又像『笑之』、『哭之』。後來深受他影響的鄭板橋題他的畫，稱他『墨點無多淚點多』，道盡了他內心的痛苦。朱耷的畫，筆情恣縱，不拘成法，蒼勁圓秀，逸氣橫生；他的章法不求完整而得完整。他的山水取法黃公望，受董其昌的影響更大。董畫明潔秀逸而滋潤的筆意，為其敬服。晚年造詣更深，脱盡早年略有狂怪衝動之氣，在其作品中，不論大幅或小品，都有渾樸酣暢而又明朗秀健的風韻。流傳至今的作品頗多。代表作有：《河上花圖捲》、《藤月圖》、《魚鳥》、《松下鳴禽圖》、《荷花水鳥圖》、《山水圖》等。曾編修《青雲譜誌》，並著有跋。

十二、熊兆瑞　近代道士。字錦雲，號逸軒。生卒年不詳。原籍江西豐城。自幼隨父遷居江西新餘，後成為新餘縣城四眼井『道士公館』主持。文化素養頗高，善繪畫、書法、經懺、符籙。自他起，弟兄、侄孫三輩均從事道業，家中藏有圖案、道書、服裝、樂器等道具。

十三、孫明瑞（一九二五—　年）　當代道士、著名畫家。號墨道人。原籍河北省威縣蘆頭村，生於一九二五年。抗日戰争時期流亡到山東梁山出家，後常住於陝西西安八仙宮和樓觀臺。自青年時就喜受繪畫，尤酷愛山水和梅花。以重墨形成自己的風格，故號『墨道人』。早年曾先後求師於著名畫家陳瑶笙、何海霞等老前輩。得何老介紹，曾在西安美院當花工，手植梅花千餘本。鑑於此，他畫的梅花，師古而不泥古人，法自然而有傳統。月壁燈窗映出的婆娑梅影，枯木古幹紐結虬蟠的老樹，皆是他寫梅的素材，故所畫梅花多呈龍飛鳳舞，蒼勁雄渾，古意盎然，撫媚多姿。能把梅花獨具『雪魄水魂』之神韻寫生於疏影瓊枝之間，大有『姑射仙人水雪容，塵心已共彩雲空』之概。他畫梅所追求的意境正如宋范成大所説：『梅以韻勝，以格高，故以横斜疏瘦與老枝奇怪者為貴』。其精品多出自午夜静坐起後染翰。故自謂『偷天地之清炁得來』。其繪畫藝術深得國內外好評，一九八九年，他的梅花作品曾獲全國書畫『金龍杯』大獎賽二等獎。作有上千幅作品，大都捐獻於國家有關部門及北京白雲觀等道觀。現為陝西省美術協會會員。⑪

道教繪畫以其自身的藝術價值，對中國的繪畫藝術產生了重要影響，它作為道教藝術的重要組成部分，利用中國繪畫的傳統繪畫技法，創造出許多人們所崇敬的神仙、人物、山水及瑞應圖案，深刻地揭示出道教的藝術精神；對淨化人們的思想靈魂，啟迪人們崇善積德、熱愛自然、保護自然的思想意識，無疑起到了潛移默化的作用。那些在中國畫壇上享有盛名的道士畫家，以及曾經為發展道教繪畫藝術作出貢獻的宗教畫家，人們將永遠崇敬他們。

註釋：

① 參見王伯敏《中國繪畫史》一書，上海人民美術出版社一九八二年版。

② 參見卿希泰主編《道教與中國傳統文化》一書第二六六頁，福建人民出版社一九九〇年版。

③ 參見王伯敏《中國繪畫史》一書，上海人民美術出版社一九八二年版。

④ 參見劉仲宇《道教文藝二十七問》（下）一文，載《上海道教》一九九〇年第一期。

⑤ 參見曹齊《道教美術》條，載《中國大百科全書·宗教》捲第六十五至六十七頁，中國大百科全書出版社一九八八年版。

⑥ 參見王伯敏《中國繪畫史》一書，上海人民美術出版社一九八二年版。

⑦ 參見劉仲宇《道教文藝二十七問》(下)一文，載《上海道教》一九九〇年第一期。

⑧ 參見曹齊《道教美術》條，載《中國大百科全書·宗教》捲第六十五至六十七頁，中國大百科全書出版社一九八八年版。

⑨ 參見王伯敏《中國繪畫史》一書，上海人民美術出版社一九八二年版。

⑩ 參見劉仲宇《道教文藝二十七問》(下)一文，載《上海道教》一九九〇年第一期。

⑪分別參見薛峰、王學林編《簡明美術辭典》中有關人物條，黑龍江人民出版社一九八二年版。王伯敏《中國繪畫史》。劉仲宇《道教文藝二十七問》(下)。玉溪道人《馳名畫壇墨道人》一文，載《中國道教》一九八九年第一期。

八、道教雕塑

道教雕塑是道教用來祭禱、供奉道教神物，宣傳道教思想，裝飾道教宮觀的雕塑形式。它通過直觀的造型，無聲的語言，通俗易懂的表現形式，生動地向人們展示出許多令人敬畏的道教造像。道教雕塑是道教藝術的重要組成部分，它的歷史悠久，形式多樣，題材豐富，在中國傳統雕塑藝術中佔有重要地位。下面，分三個部分加以介紹。

（一）道教雕塑的歷史

我國道教雕塑的歷史十分悠久，其歷史淵源當與我國早期雕塑中以祥瑞之物為題材的雕塑作品有着密切的聯繫。早在戰國時，墓葬中就有以仙鶴為題材的銅鑄像作為隨葬品埋於地下。一九七八年，湖北隨縣曾侯乙墓中出土了一件『鹿角立鶴』銅鑄像，它通高一百四十二公分，鶴身高一百零九公分，作展翅狀，翅寬五十三公分，頭兩側插鹿角，立於長方座上，座四十四點五乘四十二點四公分，座上有四個環鈕，鹿角上及頸脖上，飾錯金雲紋，造型纖細新穎。鶴為仙鳥，人們謂其有仙風道骨。它與早期道教神仙思想有密切關係。相傳仙人多騎鶴，被稱為『鶴駕』、『鶴馭』，後又用以指稱神仙、道士。俗傳鶴為長壽仙禽，《相鶴經》稱其『壽不可量』，《淮南子》曰：『鶴壽千歲，以極其遊』。春秋戰國時，民間流行以追求神仙不死的方仙道（道教前身），因此，隨縣曾侯乙墓中出現『鹿角立鶴』的雕塑作品，也是非常自然的。

秦代以後，雕塑中還出現了以麒麟、朱雀、龜、羽人等為題材的作品，這些都與早期方仙道追求神仙不死的思想有關。據《西京雜記》說，秦代時，『五柞宮西有石麒麟二，頭高一丈三尺，乃秦始皇驪山冢前物也。』一九六八年，河北滿城竇綰墓曾發掘出一種西漢青銅器裝飾雕塑『朱雀燈雕刻』，它通高三十公分，盤徑十九公分，全器為一纖巧秀麗的朱雀（古代神化的靈鳥，被後世道教奉為護衛神之一），昂首翹尾，口銜環狀燈盤，足踏一隻身軀卷曲、首上揚的蟠龍，作展翅欲飛之狀。口銜燈盤內有三格，每格有一根釺，可同時點燃三支蠟燭。工藝製作精巧，是藝術造型與使用功能結合巧巧妙的雕塑品，此外，河南嘉縣還出土有一件漢代青銅器裝飾雕塑『龜鶴燈雕刻』，器身通高十九公分，燈座是一直徑為十七公分的圓盤，盤中夾有一龜，龜首高昂，龜背上站立一隻仙鶴，作振翼欲飛引吭長鳴狀。龜鶴構成燈柱，鶴冠頂着一盞燈，燈由小圓盤和燈罩組成，小圓盤用以盛油或插燭。盤邊一側有把，一側與燈罩相接，罩飾鏤孔紋並可啟閉，以調節燈的亮度。底座圓盤與龜鶴燈柱、燈柱與燈盤連接處，均可拆卸。龜鶴共存的形象有『燈長明，人長壽』的喻意。現藏河南新鄉市博物館。

東漢前後，雕塑中還出現了以羽人為題材的作品，如在我國陝西西安市郊曾出土一件漢代銅鑄像『羽人』，它高二十六公分，塑像呈跪坐式，比例準確，造型生動。羽人是道教昇仙思想的反映，王充《論衡·道虛篇》中說：『為道學仙之人，能先生數寸之毛羽，從地自奮，昇樓臺之陛，乃可謂昇天。』《楚辭·遠遊》：『仍羽人於丹丘兮，留不死之舊鄉。』王逸註：『《山海經》言有羽人之國。』洪興祖補註：『羽人，飛仙也。』因道士言飛昇成仙，故以羽人代稱道士。類似羽人題材的雕塑作品，在東漢晚期的畫像石中比較常見，如安徽定遠永康鄉霸王莊東漢墓中的畫像石上就雕刻有這方面的內容。霸王莊東漢墓，全部用石材建成，畫像石七塊，畫十幅，用減地平雕。墓門額上刻四獸，從左起為羊、龍、熊、虎，龍的前後有二羽人，空隙處刻雲紋，顯然為羽人昇仙的題材。另在一九五三年，陝西綏德保育小學內（原西山寺故址）『王得元墓』還發現了二十六石畫像石，為陽刻減地平浮雕，其中一石刻有『永元十二年四月八日王得元室宅』十四字，為東漢永元十二年（一〇〇年）遺物。墓分前後二室，各深三公尺，左右有耳室，深約二點五公尺。浮雕刻於門框、門楣和間扇上，內容有神話故事，如西王母、羽人、玉兔搗藥、青龍、玄武等。①該畫像石浮雕所雕刻的時間要比五斗米道的創立時間早二十多年，因此，這應當大體看作是道教前身黃老道的雕刻作品。黃老道是漢代方士結合黃老學說而形成的一種早期道教，該道派的人物稱為方士，他們不僅有所謂神仙方術，而且還具備雕刻瑞應之物的本領，常受到王宮貴族的邀寵。據《後漢書》卷四十二《楚王英傳》載：東漢初，楚王英『少時好遊俠，交通賓客，晚節更喜黃老學，為浮屠齋戒祭祀。……英後遂大交通方士，作金龜、玉鶴，刻文字以為符瑞。』這些均說明，道教雕塑的淵源是很早的。

儘管道教雕塑的歷史淵源很早，但在南北朝以前的道教宮觀中卻尚未見供奉有道教的神像雕塑，這可能與漢晉時道教尚處在初創階段，還未建立有一套嚴格系統的宗教祀神制度有關。後來因受佛教傳入的刺激和影響，南北朝時經過北魏道士寇謙之『清整道教，除去三張僞法，租米錢稅及男女合氣之術。』並模仿佛教儀式，主張立壇宇，修功德，誦經成仙，持戒修行，道教才開始在所建的壇宇、殿堂以及石窟中雕塑神像。據《隋書·經籍誌》載，北魏太武帝召寇謙之『於代都東南起壇宇，……刻天尊及諸仙之像而養焉。』另據《北史》卷八十八《列傳》第七十六載：『（《北周靜帝》）大象元年（五七九年），冬十月壬戌，幸道會苑，大醮，以高祖武皇帝配醮。初復佛像及天尊像，（宣）帝與二像俱南坐。』這說明，道教在南北朝時經過改革之後，便模仿佛教才開始在道教殿中高置神像雕塑。關於這一點，唐釋法琳《辨證論》引王淳《三教論》云：『近世道士取活無方，欲人歸信，乃學佛家製作形象。假號天尊，及左右二真人，置之道堂，以憑衣食。』以上是道教殿堂設置神像雕塑的情況。此外，南北朝時，道教也模仿佛教，開始在石窟中雕塑神像。如在我國甘肅涇川縣城北二公里的涇河、汭河會合處的山嘴上，現存就有一處建於南北朝北魏永平三年（五一〇年）的王母宮石窟。窟略呈長方型，中有方體塔柱，直連窟頂，柱身及窟壁，由下至上，逐層縮小，石雕神像三層。其造像有一百餘尊，王母像居中，其他道教仙神依次排列兩旁。②

隋代以後，道教的神像雕塑與佛教的佛像雕塑同樣得到統治階級的重視和保護，據《隋書》卷二《帝紀》第二載『隋文帝開皇二十年（六〇〇年），曾下詔曰：『佛法深妙，道教虛融，咸降大慈，濟度羣品，凡在含識，皆蒙覆護。所以雕鑄靈相，圖寫真形，率土瞻仰，用申誠敬。其五嶽四鎮，節宣雲雨，江、河、淮、海，浸潤區域，並生養萬物，利益兆人，故建廟立祀，以時恭敬。敢有毀壞盜偷佛及天尊像、嶽、鎮、海、瀆神形者，以不道論。沙門壞佛像，道士壞天尊者，以惡逆論。』這些保護政策，從側面反映了自隋代開始，道教的神像雕塑便已在道觀中普遍設置。據王家祐先生在《道教論稿》一書中引《盧照鄰集》云：『至真觀，隋開皇二年所立，有天尊、真人石像大小萬餘軀。』今四川青城山天師洞仍存有隋大業年間所雕造的張陵天師石像一尊；四川綿陽西山觀有隋大業六年在摩崖上雕造的老君、天真、男女供養人石像。

唐代，李姓皇室尊寵道教，奉老子為玄元皇帝，在各地大肆建造道觀的同時，也大造神像雕塑，使當時的道教雕塑蔚然成風。早在太宗帝（李世民）時，『太宗為置紫府觀於九嵏山，拜頤中大夫，行紫府觀主事。又敕於觀中建一清臺，侯玄像。』另外，太宗還為茅山道士王遠知造太平觀，『又於內殿為文德皇后造元始天尊像一軀，二真夾持。』③唐高宗時，於『顯慶六年（六六一年）二月廿二日，敕使東嶽先生郭行真、弟子陳蘭茂、杜知古、馬知止奉為皇帝皇后七日行道並造素像一軀，二真人夾持。④武則天時，天授二年（六九一年），金臺觀主中嶽先生馬元貞於東嶽行道、章醮、投龍，作功德十二日夜。又奉敕敬造元始天尊像一輔並二真人夾持，永此岱嶽觀中供養。⑤中宗時，神龍元年（七〇五年），大歷道觀法師阮孝波，道士劉思禮，品官楊嘉福、李立本等奉敕於岱嶽觀建金籙寶齋，共四十九人，九日九夜行道並設醮投龍，功德既畢，以本命鎮綵等物為皇帝皇后石歷真萬福天尊像一鋪。⑥唐玄宗時，更是尊寵老子，並把雕塑玄元皇帝老子像作為崇道的一個重要內容。據《舊唐書》第三册載：『初，太清宮成，命工人於太白山採白石，為玄元聖容，又採白石為玄宗聖容，侍立於玄元之右，皆依王者衮冕之服，繒彩珠玉為之。』其製作情況，《録異記》卷七記載説：『天寶中，玄宗皇帝立玄元廟於長安大寧里臨淄舊邸，欲塑玄元像，夢神人曰：「太白北谷中有玉石，可取而琢之，紫氣見處是也」。翌日，命使入谷求之。山下人云：「旬日來，常有紫氣，連日不散。」果於其下掘獲玉石，琢為玄元像，高二丈許。』其像之高大，可想而知。故王維《奉和聖制慶玄元皇帝玉像之作應制》有云：『玉京移大像，金籙會神仙』。天寶八年（七四九年），又以孔子及『四真人』像列侍玄元左右。《唐大詔令集》卷九《天寶八載册尊號赦》稱：『聖人垂訓，蓋先乎道；學者崇本，必有其師。文宣王與聖祖同時，俱為教首，雖考言比德，理在難名，而問禮序經，迹彰親授，命廣在三之義，用崇德一之尊。宜於太清、太微宮聖祖前，更立文宣王遺像，與四真人列侍左右。』另據《舊唐書》第三册第九三四頁載：『玄宗御極多年，尚長生輕舉之術。於大同殿立真仙之像，每中夜夙興，焚香頂禮。』唐文宗太和年間（八二七——八三五年），茅山道士王棲霞建靈寶院，『造正三殿間，中塑靈寶天尊。』⑦唐武宗會昌六年（八四六年）春正月，『東都太微宮修成玄元皇帝、玄宗、肅宗三聖容，遣右散騎常侍裴章往東都薦獻。』⑧

現在各地的文物古跡中，仍保留有不少唐代的神像雕塑，其中，僅四川就有若干處。主要有：青城山天師洞的三皇像（背題『唐開元十一年歲次癸亥道士楊悟玄捐資造像保佑國泰民安』）、安岳玄妙觀的摩崖道教造像（有『開元十八年』至『天寶七年』題刻）、丹棱龍鵠山摩崖道教造像（有『天寶九載』題記）、劍閣鶴鳴山摩崖道教造像（有『大中十一年』造）；另在四川廣元、渠縣、蒲江、岳池、夾江、安岳等地亦有摩崖道教造像。

五代十國時代，許多王朝也崇奉道教，並大肆雕鑄道教神像。據《新五代史》卷六十三《前蜀世家》第三載：『（王衍）嘗與太后、太妃遊青城山，宮人衣服，皆畫雲霞，飄然望之若仙。……（乾德）五年，起上清宮，塑王子晉像，尊以為聖祖至道玉宸皇帝，又塑建及衍像，侍立於其左右；又於正殿塑玄元皇帝及唐諸帝，備法駕而朝之。』又據《新五代史》卷六十八《閩世家》第八載：『（閩，王）昶亦好巫，拜道士譚紫霄為正一先生，又拜陳守元為天師，……守元教昶起三清臺三層，以黃金數千斤鑄寶皇及元始天尊、太上老君像，日焚龍腦、薰陸諸香數斤。』

宋代時期，統治者的崇道活動仍十分頻繁，他們在營建宮觀的同時，亦注重神像雕塑的建造。從史料記載來看，早在宋真宗時，神像雕塑就已遍及天下。據《續資治通鑑》卷二十八《宋紀·真宗》載：『冬，十月，甲午，詔天下並建天慶觀。時罕習道教，惟江西、劍南人素崇重，及是天下始遍有道像矣。』宋徽宗時，又於『政和六年（一一一六年），……命洞天福地修建宮觀，塑造聖像。』⑨『政和七年（一一一七年），……辛未，詔天下：「天寧萬壽觀改為神霄玉清萬壽宮，仍於殿上設長生大帝君、青華帝君聖像。』⑩

現存各地的文物古跡中，仍保留有不少宋代的道教神像雕塑。其中，比較著名的有：福建泉州清涼山巨型老君石像，四川石篆山和大足南山道教造像，山西晉祠聖母祠侍女像和晉城二仙觀塑像、玉皇廟侍女像，江蘇蘇州玄妙觀三清像等。

金元時期，隨着全真道在北方的興起，全真道士也興起了營建宮觀和雕塑神像之風。從現存有關文獻和文物古跡看，這個時期，不僅產生了許多精美的神像雕塑佳作，而且還出現了一批優秀的雕塑家，如劉元、阿尼哥、王某、曹漢臣等人。其中，尤以劉元為代表，據《簡明美術辭典》中『劉元』條介紹：『劉元，元代雕塑家。字秉元，寶坻（今屬天津）人。官至昭文館大學士、正奉大夫等。初為道士，從杞道録學藝，後又從尼波羅（今尼泊爾）國的阿尼哥學佛像雕塑，曾在京城許多廟宇塑像，造型精美，神氣生動，為當時少見。』據説劉元塑的三清像，『儀容肅穆，（道氣深沉』。而三元帝君像則是『上元執簿側首而問，若有所疑，一吏跪而答甚戰慄慄，一堂之中，皆若悚聽，真稱藝。』⑪可見其雕塑技藝之高。

現存元代的神像雕塑作品，主要有：山西太原龍山石窟造像，山西洪洞水神廟元塑和晉城玉皇廟元塑、高平聖姑廟元塑等。

明清時期，道教雕塑在繼承傳統的基礎上，因受世俗藝術的影響，其題材在保持原來以塑造道教尊神為主的基礎上，漸而擴展到對民間俗神如城隍、關帝、藥王等神像的塑造，頗具世俗生活氣息。

現存明清時期的道教神像雕塑作品很多，幾乎全國各地都有。僅四川就有若干處，如：安岳互助村三仙洞摩崖道教造像（題刻云『三仙洞昔之龍門觀也。明天啟萬曆間邑人賣治軒建。』）、大足南山摩崖真武像（題刻『捨財信士王伯富謹立。正德十六年夏五月十五日焚香建立。』）、四川青城山朝陽庵明代石雕道像、瀘縣玉蟾山明代道教造像與安岳石羊鎮毗盧洞清代玉皇龕等。

民國以後，隨着道教的日漸衰微，道教的神像雕塑作品也越來越少。現存民國時的道教造像主要有：四川大足寶頂大佛灣民國道教造像和四川巴中的『老君』龕以及『玉皇』龕。一九四九年以後，隨着近年來宗教政策的進一步落實、傳統的道教雕塑藝術又在全國各地的名山道觀興起，並產生了一部分有影響的雕塑作品。這些作品在繼承我國傳統雕塑藝術的基礎上，還受到當代雕塑風格的影響，其中，尤以四川都江堰市二王廟所塑的李冰父子像最為典型，它是由現代雕塑家所塑造。二王廟中所塑的李冰和李二郎像，各高數公尺，或坐或立，分別供於大殿及後殿內。手法簡練，形象生動，深刻體現了道教『有功於民者，民則敬之』的教義思想。另外，北京白雲觀一九八四年新塑的六十元辰像，也是近年道教雕塑中較好的作品。這六十位天上的星宿神，經過雕塑家的藝術處理，被雕塑成六十位在年齡、性格、身份、氣質上各不相同的人物：或温文爾雅，或慈祥和善，或威武莊嚴，或猙獰可怖，形象各異，栩栩如生，可算得上近年出現的道教雕塑佳作。⑫

（二）道教雕塑的形式

根據設置位置的不同，我國的道教雕塑大體上可分為以下五種：

一、墓葬雕塑

墓葬雕塑是指在墓葬的門、壁及棺槨上所作的雕塑。其內容大多與道教有關。這種形式，多見於東漢時期的墓葬中，它與漢代崇尚厚葬習俗有關。東漢時期，由於地主莊園經濟的發展，厚葬之風很盛。東漢王符在《潛夫論．浮生篇》中說：『京師貴戚，郡縣豪家，生不及養，死及崇喪，或至刻金鏤玉，檽梓楩楠，黃壤致藏，多埋珍寶、偶人車馬，起造大冢，廣種松柏，廬舍祠堂，崇侈尚譖。』我國的道教墓葬雕塑以裝飾雕塑為代表，它主要用於墓葬中作裝飾之用。其雕塑，有的雕刻於墓門石材上，如本章第一部分提到過的安徽定遠永康鄉霸王莊東漢墓畫像石，及陝西綏德保育小學東漢『王得元墓』畫像石即是；有的則刻於墓中石製棺槨蓋上，如在今陝西三原萬壽原上，存有隋開皇二年（五八二年）石棺（稱『李和棺』）一具，刻滿人物及圖案。棺蓋採用減地平級雕刻法，畫面線刻，上部正中對稱地刻出男女人首禽身伏羲、女媧像各一，分別以一手擎日月，其下刻二飛仙。棺蓋四周和人物間刻大小數十個圓形聯珠紋獸頭案圖，獸頭多不相同，有類人面的獸頭、象、虎、馬、雞等。兩幫以線刻為主，左幫畫面主要部分是一老者手執鹿尾騎一白虎，前面刻四人持劍而立，後面跟隨一飛仙和怪獸襯以雲紋。右幫畫面與左幫對稱，刻老者身騎青龍。而幫周邊刻忍冬紋一周，是北朝題材的延續。雕刻精細華麗，嚴謹而生動。

二、石窟雕塑

石雕塑是指在山崖開鑿的洞窟內外所作的雕塑。這種形式，佛教最先在東晉十六國時採用，後為道教在南北朝時所仿效。據現存道教石窟看，北魏時，道教就已在石窟中雕塑神像，如本章第一部分中所提到的甘肅『王母宮石窟』中石雕神像即是；類似的形式還有：四川大足石窟道教造像、山西太原龍山石窟道教造像、雲南大理蒼山鳳眼洞八仙雕像等。其中，尤以山西太原的龍山石窟道教造像為典型，龍山石窟在今山西太原市西南二十公里的龍山山巔，由元初全真道士宋德方（字廣道，號披雲子，山東人，曾隨邱處機朝見成吉思汗）主持開鑿。共八龕：虛皇龕、三清龕、臥如龕、玄真龕、三大法師龕、七真龕及兩座辨道龕。各龕所供雕像不同，數額不等。雕工樸實，衣著莊重，與佛教石窟藝術風格截然不同，現大都保存完好。石窟頂板還雕有龍鳳及蓮花圖案，兩側前壁上留有元代題記，是研究道教石窟雕塑的珍貴資料。

道教的石窟雕塑一般多為石刻，但也有部分採用彩塑（敷彩的泥塑）的形式，如在甘肅敦煌莫高窟第二百九十七窟中就有此形式。在該窟中塑有一羽人形象，其技法採用高浮塑，係北周時的作品。它高零點五公尺，頭生雙角，肩有雙羽翼，上身半裸，下身穿短褲，雙手如鳥爪，頸與脚飾環，圓臉，唇厚，形象若童子，臉及身體均以赭紅色暈染，產生很强的立體感，是莫高窟中少見的道教飛仙彩塑作品。⑬

三、摩崖雕刻

摩崖雕刻是指在山崖的壁面所作的雕刻。這種形式在隋唐以後的四川比較常見。據王家祐先生在《道教論稿》⑭一書第五十一頁中說：『四川省是摩崖造像之鄉。文獻記載，盆地山崖上的造像有二百多處。在現存的一百餘處摩崖造像中，道教造像有二十八處。』主要分佈在四川的綿陽、丹棱、劍閣、廣元、渠縣、蒲江、岳池、夾江、安岳、大足、樂至等地。其中，四川綿陽市西山觀玉女泉的摩崖造像雕刻於隋唐，造像在玉女泉崖壁，有二十五龕道像。最大龕（二十五號）長二點五八公尺、高一點六二公尺。老君與天尊並盤腿坐蓮臺上；供養人分四列佈於左右壁上。供養題記有『上座楊大娘，錄事張大娘，王張釋迦，文妙法，雍法相……。』（女列）『上座騎都尉陳仁智，紫極宮三洞道士蒲沖虛，檢校本觀主三洞道士煉師陳□□……。』另有題記云『大業六年太歲庚午十二月廿八日。三洞道士黃法暾奉為存亡二世敬造（空一格）天尊像一龕供養。』此處尚有『咸亨元年』，『咸通十二年』等題刻。⑮

四、殿堂雕塑

殿堂雕塑是指在道教宮觀殿堂中所作的雕塑，它包括供道教信徒朝拜的神像雕塑和用作殿堂陳設供奉的器物雕塑兩種。

○神像雕塑

神像雕塑是道教殿堂雕塑中最常見的形式，這種形式，早在南北朝時就已出現（本章第一部分中列舉的有關文獻資料已證實），隋唐以後更加盛行，直至現今各地的道教名山、宮觀殿堂中，神像雕塑仍是不可缺少的雕塑形式。當你走進道觀，來到其中的某一殿堂參觀時，首先最引起你注意的就是那設置在香案後面神龕中的神像雕塑。這些雕塑在材料製作上，一般多為彩塑形式，其次有木雕、銅鑄、鐵鑄和石雕造像等。在上述形式中，有代表性的彩塑作品，主要有山西晉城玉皇廟彩塑。該廟始建於宋熙寧九年（一〇七六年），以後歷代重修或擴建，佔地四千餘平方公尺。現存殿堂十座，並有彩塑。唯大殿和二十八宿殿（西廡）內保留的仕女和星宿諸像尚存有宋元時的風貌。其中以二十八宿殿的星宿羣像最為精彩，是我國現存道教雕塑中稀有的彩塑珍品。這些像均高一點五公尺，為重彩泥塑，五軀殘損，二十三軀完好。二十八宿題材以道教教義為依據，塑像突出內在心靈的刻畫和運用寫實、想像與象徵相凝結的手法，達到互相和諧而又富於變化的藝術效果。如有性情溫雅的玉女（虛日鼠），有神態俊朗的真人（房日兔），也有威武兇煞的天神（尾火虎），以及面容恭謹儒雅的玉郎（危月燕）等。其中，虛日鼠是女神形象的代表作：她眼神含蓄，凝眸欲語，顯示出聰慧和機警，鬢髮自然披落，身著寬袖道袍，衣褶結構嚴謹有力，衣飾厚重，起伏變化自然合理，更富有節奏感；濃妝繁密的衣飾，有力地襯托出濃墨點睛潔白如玉的素面，與傳統重彩人物畫上的虛實相映手法，有異曲同工之妙。又如男像的塑造有粗獷、威猛、通脫、瀟灑、清秀、恬淡等男性美的不同特徵，均能妥貼準確地得到表現，是神采奕奕、極富生命力的作品。⑯

現存有代表性的木雕作品，主要有北京白雲觀靈官殿內奉祀的明代木刻靈官像，據小柳司氣太的《白雲觀誌》載：『靈官相傳姓王名善，宋徽宗（一一〇一——一一二五年）時人，為某州城隍，每逢誕日，要本地獻供童男童女食用；蜀人薩守堅雲遊至此，以迅雷焚其廟，王訴於上帝，玉帝賜之玉斧令其相隨真人伺察之，如有觸犯天律，得便宜於行，善隨察十二載，薩真人並無觸犯天律之行，乃釋怨皈為弟子，守符法，願充部下靈官，奉行法旨。

因其性剛直無私，玉皇大帝封他為『都天糾察豁落先天主將』。白雲觀的明代木刻靈官像，其刻像為：右手掐靈官訣，左手執金鞭，巡察世界，身披金甲，足踏風火輪，奉旨糾察天上人間之職，收瘟降魔，法力無邊，為鎮守山門護法神，神武佇立，栩栩如生。⑰

現存有代表性的銅鑄像，主要有山東泰山碧霞祠內碧霞元君殿中供奉的碧霞元君鎏金大銅像以及湖北武當山金殿內所供奉的真武大帝鎏金銅像。其中，武當山金殿真武大帝像，鑄造於明永樂年間，像高一點八公尺，重約二萬斤，面貌豐潤，披髮跣足，衣褶瀟灑，神態飄逸；兩旁侍立的金童玉女和水火二將銅像，形象生動，神態各異。

現存有代表性的鐵鑄像，主要有四川梓潼縣北七曲山文昌宮內的明代生鐵鑄像，據李遠國《四川道教史話》⑱一書九十八頁介紹：文昌『宮裏有十尊明代生鐵鑄像。最大的文昌像高達一丈四尺，重約三十噸；其餘神像面形豐滿，體態勻稱，彩飾金身；工藝精湛，毫無瑕疵，為川中所少見。』

另外，道教石雕神像現存多見於石窟和摩崖雕刻，而在殿堂中比較少見。但據文獻資料看，實際上早在唐代時，道教殿堂中就有石雕造像，如前引《舊唐書》第三册所述：『初，太清宮成，命工人於太白山採白石，為玄元聖容，又採白石為玄宗聖容，侍立於玄元左右。皆依王者衮冕之服，繒彩珠玉為之。』現今北京白雲觀殿堂內也存放有一玉雕玄元皇帝老君像，係唐代石雕造像。老君，即道教所奉三清尊神中的太清道德天尊，它被道教奉為教祖，唐高宗乾封元年（六六六年），封太上老君為『太上玄元皇帝』，長期以來受到人們的尊奉。另外在四川青城山常道觀後殿及三皇殿內，還分別供奉有黃帝石雕像和三皇（伏羲、神農、軒轅）石雕像。

○ **器物雕塑**

器物雕塑也是殿堂雕塑的常見形式。它的品種繁多，題材豐富，可以包括道教殿堂中陳設的各種供器雕塑作品。這些作品在材料製作上以銅鑄為多見，其次有木雕和石雕等形式。現存可見到的殿堂銅鑄器物雕塑主要有：北京白雲觀的雙獅爐耳古銅香爐和龜蛇蟠結檀香玄武爐、湖北武當山金殿內的銅香案和銅龜蛇，以及四川成都青羊宮三清殿內的兩隻銅羊。這些銅鑄像，都是珍貴的道教藝術品。

其中，成都青羊宮的銅羊被道教供奉為神物。銅羊共一對，其中一隻單角銅羊造型奇特，製作精巧，形象生動，為十二屬相化身，由鼠耳（子）、牛鼻（丑）、虎爪（寅）、兔背（卯）、龍角（辰）、蛇尾（巳）、馬嘴（午）、羊鬚（未）、猴頸（申）、鷄眼（酉）、狗腹（戌）、猪臀（亥），儼然一隻青銅怪獸，具有神秘色彩。

現存木雕器物雕塑，主要有成都青羊宮三清殿內放置的木雕獅像和象像，以及北京白雲觀丘祖殿內的根雕瘿鉢（俗稱巨瓢）。其中，白雲觀的『瘿鉢』，有人說是宋代遺留的古鉢，為清乾隆皇帝所賜，言觀内道士可用此鉢募化。此鉢係一古樹根雕刻而成，為白雲觀所供奉的神器之一。殿堂石雕器物雕塑，現存主要有北京白雲觀丘祖殿内置放『瘿鉢』的石雕鉢座，座上雕刻着對稱的波紋圖案。

五、建築雕塑

建築雕塑是指在建築羣、建築物以及建築局部起固定和配合或裝飾的雕塑形式。我國道教建築雕塑的使用十分廣泛，可以說在道觀中，只要有建築物的地方就有建築雕塑存在。而道教的建築物不外乎包括殿堂、樓閣、亭臺、碑、塔、門、橋等，其雕塑分佈於這些建築物的上、中、下等部位。例如，以道觀殿堂為例，它的上部就包括房頂、樑、檐、斗栱，這些部位通常雕塑有飛龍、麒麟、丹鳳、天馬、鴟吻、雄獅等靈異圖案；中部包括牆壁、柱頭等部位，通常也有不同造型的雕塑，或雕龍，或雕獅，或雕鹿、鳳凰等；下部包括石階、臺基、圍欄等，也都雕刻有如石獅、十二生肖太極圖等。這些雕塑形式在現今北京白雲觀、湖北武當山道觀、四川成都青羊宮道觀大體都能見到，茲不贅述。

（二）道教雕塑的技法與神像製作

一、技法

我國道教雕塑採用的技法大體有以下五種：

○圓雕

所謂圓雕，是指不附著在任何背景上、適合於多角度欣賞的、完全立體的雕塑。它包括坐像和立像。現存代表作品有福建泉州北郊清源山巨型石刻老君坐像。它高一點五公尺，厚七點二公尺，寬七點三公尺，係整塊天然巖石雕琢而成。老君盤膝而坐，左手撫膝，右手憑几，兩眼平視，雙耳垂肩，臉含笑容，蒼髯飛動，雕刻精緻，不誇張，逼真地表現出老君慈祥，安樂的神態，象徵健康長壽。整個雕像，前後、左右均不附在任何背景上，是典型的圓雕作品。另外，類似的圓雕作品，還有明代四川大足石雕道教判官像、湖北武當山金殿的金童、玉女像，北京白雲觀内的玉雕老君像、老子騎牛銅像、銅騾像，成都青羊宮内的銅羊像，以及各地道觀置放於門前的石獅像均是。

○半圓雕

所謂半圓雕，是指使用圓雕技法，刻成所要表現的主要部分，捨棄次要部分，形成一半是圓雕，而其另一半有的仍是原石塊或原器物（也有用圖案、景物、平面等不同手段作襯底的）的雕塑。由於此種形式的製作比圓雕方便，且可以與浮雕結合組成為一個畫面，因而在石窟崖及古銅器等藝術作品中，常和各種浮雕與線刻裝飾紋樣互相配合，同時出現，具有很高的藝術水平。是道教雕塑常採用的技法之一，如現存四川各地的道教摩崖造像大多採用此技法。

○**浮雕**

所謂浮雕，是指在平面上雕出形象浮凸的一種雕塑。依照表現凸出厚度的不同，又分為高浮雕、淺浮雕、比例壓縮浮雕等。由於它是從一個方向欣賞的雕塑，背面就可附在建築平面或用具器物上，佔據空間小，應用範圍面廣，既可和圓雕或繪畫相結合，又適於作為裝飾性與紀念性雕刻的一個品種。浮雕技法在道教石刻中運用廣泛，如在四川大足縣南山道教石刻中，其中三清古洞就有不少浮雕造像。三清古洞，高三點八公尺，寬六點八公尺，深五公尺。洞正中鑿長方型石柱，上連洞頂，正面鑿龕，刻玉清、太清、上清像；龕左右壁為道君像六身；洞左右壁刻浮雕天尊像二百二十軀。另在其它道觀如殿檐、柱頭及牆壁上亦可見到龍形圖案的浮雕像。

○**線雕**

所謂線雕，一般指以陰線或陽線作為造型手段的石、玉雕或青銅器紋樣雕刻。道教線雕技法的淵源很早，早在東漢時期的墓葬畫石中就有採用線雕技法雕刻的道教作品（參見本章第一部分）。線刻石浮雕亦稱『石刻畫』，是介乎雕刻與繪畫之間的雕刻品種，即石板為雕刻，拓片為畫的造型藝術。現存採用線雕技法的作品主要有：四川青城山道觀的張陵天師畫像刻石、明代三豐祖師畫像刻石等。

○**透雕**

一般指將底板鏤空的浮雕，可以從正面透過鏤空處看到浮雕背面的景物。分為單面雕和雙面雕兩種，常作用門、窗、欄杆、神龕以及其它用具裝飾。此技法也廣泛用於道教殿堂建築雕塑上，茲不贅述。

二、神像製作

神像製作是道教雕刻的重要內容，整個道教雕塑藝術，可以說主要是以神像雕塑為代表，它反映了道教雕塑的歷史發展，藝術風格以及與道教供奉神祇之間的密切關係，具有很高的藝術價值和歷史價值。道教的神像製作在長期的發展過程中，逐步形成了自己的一套哲學與美學思想、模式和規範、禮儀與禁忌等，它反映了一定的民族、時代和社會特徵。

根據王宜娥女士的研究，[19]歸納起來，大致有以下三點：

○**哲學與美學思想**

道教的神像製作藝術，與我國傳統的哲學思想有着緊密的聯繫，它具有高度的誇張性、抽象性和寫意性。這種藝術所強調的是精神領域的自由美，重視精神上的高風絕塵，追求道德美與善的和諧，不求藝術同具體客觀事物相驗證。强調『以意為主』、『以神寫形』，神寓於形，而形是外在的、形式的，只有達到對人物内在的精神風貌的表現，才是精品。這種哲學思想，無疑體現在我國的神像雕塑藝術上，具有鮮明的民族形式和造像風格。

道教的神像製作藝術除繼承我國傳統的造像風格外，還充分體現了道教自己的美學思想。道教美學一方面是出世的，它主張『獨善其身』，追求獨特的個性和解脱，追求清静無為；但它又主張順應自然，貴生惡死，不追求彼岸世界，故另一方面它又是入世的。它認為『天地有大美而不言』，形式不過是一種啟示，一種象徵，它無不表現一定的道理，一定的人格。如《莊子·天地篇》説：『通於天地者德也，行於萬物者道也。』『形非道不生，生非德不明。』因而道教的神像製作藝術不僅要明道，還要明德；不僅要反映神像的神性，也要反映道教的信仰宗旨，不僅要表現其作為神的尊嚴，還要表現其所具有的道德、内在美和它的神通，所以，道教的神像製作是道教道德性具體化和人格化的體現。

例如，天界的君王玉皇大帝，被塑成雍容和善而又端莊嚴肅，雙目下視，頭戴天平冠，身著朝服，表現出一種寧静、飄逸、超然的風度，顯示他具有無上的權威，超人的智慧。土地公則被塑成温厚慈祥的老人，體胖臉圓，雙眼下視，白鬚長垂，使人感到他是一位和藹無私的長者，他毫無保留地將自己的財富奉獻給人類，撫育著萬物。護法神王靈官，立眉豎眼，額上另長一隻立目，臉部肌肉誇張，身披金甲，手執金鞭，足踏風火輪，處處表現着他是一位威力無邊的『神人』，他能糾察一切善惡，使所有鬼神望而生畏，正符合了他的身份和神職。總之，這些不同人物的神像製作，既反映了道教信仰者的希望、追求、理想和好惡，又使藝術性的神像與信仰者之間形成一種感情上的溝通，並通過這種移情於信仰者的方式，來激發人們對道教信仰的熱情。

〇**模式和規範**

根據道教的信仰宗旨和美學思想，道教神像在製作上也形成了自己的一套模式和規範，這就是：對於不同地位的神，有不同的要求與規定。據《道藏·洞玄靈寶三洞奉道科戒營始》中說：『科曰：凡造像皆依經具其儀相，……衣冠華座，並須如法。天尊上披以九色離羅或五色雲霞，山水雜錦，黃裳、金冠、玉冠』，『不得用純紫、丹青、碧綠等』。『真人又不得散髮、長耳、獨角，並須戴芙蓉、飛雲、元始等冠』。『左右二真皆供獻或持經執簡，把諸香華，悉須恭肅，不得放誕手足，衣服偏斜。天尊平坐，指捻太無，手中皆不執如意麈拂，但空而已』。金剛『長一千二百丈，按劍持仗，身掛天衣飛霞，寶冠，足躡巨山、神獸、大石、諸鬼之上，立作殺鬼之勢』等等。如造像時不按上述規定和要求，心有不誠，就可能遭遇到『鬼神罰人，既非僭濫，禍可無乎？』

〇**禮儀與禁忌**

道教的神像製作與我國過去民間造房建屋過程中所遵循的禮儀和禁忌有相似之處，它具有一定的民俗特徵和神秘色彩。這裏，僅以我國臺灣地區的神像製作為例，便可看到舊時大陸道教神像製作的一斑。據劉文三的《臺灣神像藝術》一書介紹：臺灣的神像，按其雕造方法可分為泉州、福州、漳州三派。泉州的造像，注重神像的整體造型，在木雕過程中注重其大略的格局，不做細緻琢磨，粗坯完成後，再用黃土與水膠的混合物來修飾神像的細部，以達到神像外形的美觀。漳州的造像方法比較注重精雕細刻。漳州師傅不僅注意雕琢神像的整體、線條的流暢、對神像的細部也非常注意，以求精美入微，使神像在雕刻過程中就能達到完美的程度，外表的裝飾是次要的。福州師傅的造像方法界於上述二派之間，不過他們很重視神像線條的表現，待神像粗坯做好後，再進行外表裝飾，其過程也很精細。

臺灣神像主要以檀木和樟木雕像為主，檀、樟木料質細膩，易於雕刻，又都含香。臺灣工匠雕像，在選好木料後先要擇一吉日良時：是日，要舉行開斧儀式，上供、焚香、誦經禮拜，此時造像師傅舉斧在木料上方輕砍三下或七下，以示三請或表示賦予其三魂七魄。開斧後，還要將木料用紅紙或紅布蓋好。整個神像先雕粗坯，後雕細部，再用砂紙仔細打磨，使其表面光潔，線條清晰。然後是麻紙裱糊在雕好的神像木坯上，再塗以磚瓦灰（或黃土粉）和豬血料（或桐油）的混合物，並將神像的突出部分，如五官、衣紋等加以修飾。最後才貼金彩繪，用細毛筆仔細描繪神像的臉部，稱之為『開臉』。『開臉』後的神像頭部要用紅布或紅紙蓋好，以備『開光點眼』。

在神像雕造過程中，還須有「裝臟」的儀式，其用意是使神靈能貫注到神像中，讓神像真正成為神靈依附的軀體。「裝臟」的內容通常有：經典，它代表神靈和智慧；五穀，意喻五穀豐登；銅鏡，表示光明；朱砂、沉砂、雄黄，可以避邪（也可以防蟲）；五色錢，以應五行俱全；金銀珠寶，既可鎮邪，又意喻富貴。還有放靈符或香灰的，表示神的移靈。也有的地方還要放活雄蜂和農曆，認為雄蜂可以增加神的靈威。

「開光點眼」儀式，首先要選好吉日良辰，準備好朱砂、白笈、金鷄（雄鷄）、新毛筆、面巾、鏡子等物。屆時進行上供、點鼓、焚香一系列儀式，由造像師傅親手揭去蓋在神像上的紅布，用面巾為神像揩面，然後必須用新筆蘸朱砂、白笈、金鷄冠血的混合液點出神像的眼睛（據說有些地方還有點耳，表示開竅了），與此同時要用事先準備好的二面鏡子將殿堂外的陽光反射到神像的眼中，以喻藉太陽的神光使神像能洞察世界，還表示讓神像賦予神的生命。還有些地區的「開光點眼」儀式要在凌晨寅時開始，塑像師傅背對神像，從鏡中觀看神像，反手點眼。據説這樣可以避免人的濁氣衝撞了神。伴隨着「點眼」還有一套禮拜誦經儀式，一般是塑什麽像誦什麽經，例如塑玉皇像，便誦《玉皇經》，塑斗姥便誦《北斗經》，依此類推。道教認為，只有這時的神像才有神格，真正成為神靈寓居的軀體，可以顯現其神威了。

道教雕塑以其自身的藝術價值和歷史價值，顯示了它在中國雕塑領域中的重要地位。它不僅是中華民族雕塑藝術的精華，也是世界雕塑藝術園地中的一支奇葩。它那悠久的歷史，多樣的形式，豐富的題材，以及所形成的哲學、美學思想、製作工藝和神秘的禮儀和禁忌，為人們提供了一部直觀的道教教材，是研究道教及其雕塑藝術的活化石，具有豐富的文化內含，值得我們珍視。

註釋：

①參見沈柔堅主編《中國美術辭典》一書部分辭條，上海辭書出版社一九八七年版。

②參見任寶根、楊光文編著《中國宗教名勝》一書，四川人民出版社一九八九年版。

③《茅山誌》卷二十二。

④⑤⑥《金石萃編》卷五三《岱嶽觀碑》。

⑦《茅山誌》卷二十四。

⑧《舊唐書》卷十八上《本紀》第十八上。

⑨《宋史》卷二十一《本紀》第二十一。

⑩《續資治通鑑》卷九十二《宋紀·徽宗》。

⑪⑫參見王宜娥《道教造像藝術》一文，載《中國道教》一九八九年第一期。

⑬參見沈柔堅主編《中國美術辭典》一書部分辭條，上海辭書出版社一九八七年版。

⑭巴蜀書社一九八七年版。
⑮參見王家祐《四川道教摩崖造像概況》一文，載《中國道教》一九八七年第一期。
⑯參見沈柔堅主編《中國美術辭典》一書部分辭條，上海辭書出版社一九八七年版。
⑰參見董中基《北京白雲觀及其殿堂》一文，載一九八六年《道協會刊》第十七期（內刊）。
⑱四川人民出版社一九八五年版。
⑲參見王宜娥《道教的神仙信仰及其造像建築藝術》一文，載一九八六年《道協會刊》第十七期（內刊）。

九、道教建築

道教建築又稱宮觀建築，它的藝術內含集中體現在道教的宮觀建築上，是道教用以祭神、修道、傳教、舉行齋醮科儀，以及居住、生活的場所。如果說，道教宮觀是一座集中建築、雕塑、繪畫、書法等為一體的綜合藝術館，那麼，道教建築則是一個陳設多種藝術品的橱窗。通過這個橱窗，人們可以觀賞到琳琅滿目的藝術品。它給人以美的享受、藝術的熏陶、神奇的聯想；更增添道教徒們的宗教熱情。道教建築是道教藝術的重要組成部分，在我國的傳統建築藝術中佔有重要地位。現分以下三個部分加以介紹：

（一）道教建築的歷史

我國道教建築的歷史十分悠久，若追溯其歷史淵源，它與我國早期出現的宮殿、壇廟建築是一脈相承的。據明《正統道藏》正一部《道書援神契・宮觀》云：『古者王侯之居皆曰宮，城門之兩旁高樓謂之觀。殿堂分東西，階連以門廡。宗廟亦然。今天尊殿與大成殿同古之制也。』《詩》曰：雍雍在宮。《傳》曰：遂登觀臺。這就是說，道教供奉天尊的宮觀與帝王宮室、儒家祭孔的大成殿及宗廟祖祠，在建築形式上均依古制，是相同的。①另據《中國建築史》（第二版）一書第九十頁說：『道觀佈局和形式，大體仍遵循了我國傳統的宮殿、壇廟體制。』②

早在周代，我國就已出現了集宮殿、壇廟為一體的建築形式——明堂。據《辭源》合訂本，《明堂》條釋為：『古代帝王宣明政教的地方。凡朝會、祭祀、慶賞、選士、養老、教學等大典，均在此舉行。其後宮室漸備，另在近郊東南建明堂，以存古制。』關於明堂的建築形式，據《淮南鴻烈解》卷之十三《本經訓》註：『明堂，王者佈政之堂，上圓下方，王者月居其房，告朔朝曆、頒宣節令、謂之明堂。其中可以叙昭穆，謂之太廟。其上可以望氣樣、書雲物，謂之靈臺。其外圓似辟雍，諸侯之制半天子謂之宮。詩云：『矯矯魯侯在泮，獻公也。』可見，早在周代時，我國就已形成了由個別的、單一的建築相互連接組合而成的集政教為一體的羣體建築形式，它對以後的建築思想產生了重要影響。③

據道教傳說，最早的道教宮觀建築是陝西終南山的樓觀，建於周康王時。據《樓觀臺本起傳》說：『樓觀者，昔周康王大夫關令尹（喜）之故宅也。以結草為樓，觀星望氣，因以名樓觀。此宮觀所自始也。』④雖不免有些托古的成份，但從中也透露出道教宮觀建築與明堂太廟建築之間的某些聯繫。

秦漢間，神仙方術盛行，統治者慾求長生不老，便採納方士之言，建造祀神之所——宮觀。《史記》卷十二《孝武本紀》載：『於是郡國各除道，繕治宮觀名山神祠所，以望幸矣。』又載：『公孫卿曰：「仙人可見，而上往常遽，以故不見。今陛下可為觀，如緱氏城，置脯棗，神人宜可致。且仙人好樓居。」於是上令長安則作蜚廉桂觀，甘泉則作益延壽觀，使卿持節設具而候神人。乃作通天臺，置祠具其下，將招來神仙之居。』這可以說是早期的祀神建築。

東漢，五斗米道初創時，修道者多棲深山茅舍或洞穴，建築十分簡陋。《廣弘明集》卷十二唐釋明概《決對傅奕廢佛法僧事並表》載：『張陵謀漢之晨，方興觀舍。……殺牛祭祀二十四所，置以土壇，戴以草屋，稱二十四治。治館之興，始乎此也。』

魏晉時期，一些山居修道者仍住於洞窟，據《晉書》卷九十四《列傳》第六十四載：『張忠，字巨和，中山人也。永嘉之亂，隱於泰山。恬靜寡慾，清虛服氣，餐芝餌石，修導養之法。冬則縕袍，夏則帶索，端拱若尸。無琴書之適，不修經典，勸教但以至道虛無為案。其居依崇巖幽谷，鑿地為窟室。弟子亦窟居，去忠六十餘步，五日一朝。其教以形不以言，弟子受業，觀形而退。立道壇於窟上，每日朝拜之。』有的修道者還在洞窟旁或其它地方建築館舍，據《真誥》卷二十說：許翽『即居方隅山洞方圓館中。』另據《甄正論》記：『齊王正始元年（二四〇年），赤烏三年，術人葛玄上書吳孫權云，佛法是西域之典，中國先有道教，請弘其法。始創置一館，此今觀之濫觴也。』另外，魏元帝時，陝西終南山還建築有樓觀。

南北朝時期，北魏寇謙之、劉宋陸修靜等改革道教，創立了新的南、北天師道，吸收儒家封建禮法制定齋儀，以服餌修煉求仙，受到統治者的歡迎，北天師道更一度成為國教。於是有不少崇信道教的皇帝紛紛延請有名的道士，並在都邑為他們營建居住修煉和祭禱的場所。如劉宋時修建的崇虛館和北魏時修建的天師道場，便是其中的道教建築形式，據《九江府誌》載：『陸修靜……明帝時招至建業，立崇虛館以居之，面會儒釋之士，講道華嚴寺。』另據《魏書》卷一百十四《釋老誌》載：『始光初，奉其書而獻之，世祖乃令謙之於張曜之所，供其食物。……世祖欣然，乃使謁者奉玉帛牲牢，祭嵩嶽，迎致其餘弟子在山中者。於是崇奉天師，顯揚新法，宣佈天下，道業大行。……及嵩高道士四十餘人至，遂起天師道場於京城之東南，重壇五屋，遵其新經之制。』

隋唐五代時期，由於道教在上層社會中的影響巨大，特別是李唐王室又奉老子為先祖，崇道之風尤盛，道教建築有了很大發展。早在隋代，隋煬帝就曾優寵道士王遠知，並為他建築玄壇，據《舊唐書》《列傳》第一百四十二載：『煬帝幸涿郡，遣員外郎崔鳳舉就邀之，遠知見於臨朔宮，煬帝親執弟子之禮，敕都城起玉清玄壇以處之。』唐高祖『武德二年（六一九年），五月，敕樓觀，令鼎新修營老君殿、天尊堂及尹真人廟，應觀內屋宇務令寬博，稱其瞻仰，並賜土田十頃及仙遊監地充任，於觀側立監置官檢校修造。』⑤唐太宗『貞觀十一年（六三七年），秋七月……丙午，修老君廟於亳州，……給二十户享祀焉。』⑥唐高宗『乾封元年（六六六年）……。二月巳未，次亳州，幸老君廟，追號曰太上玄元皇帝，創造祠堂；其廟置令丞各一人。』⑦另據《舊唐書》《列傳》第一百四十二載：道士『潘師正，……高宗與天后甚尊敬之，留連信宿而還。尋敕所司於師正所居造崇唐觀，嶺上別起精思觀以處之。』唐中宗時，於『神龍元年（七〇五年）……丙子，諸州置寺、觀一所，以「中興」為名。⑧唐睿宗『景雲二年（七一一年），三月癸丑，作金仙、玉真觀。……四月……甲辰，作玄元皇帝廟。』⑨唐玄宗時，曾令道士司馬承禎『於王屋山自選形勝，置壇室以居焉。』⑩『開元十九年（七三一年），夏四月……丙申，令兩京及天下諸州各置大公尚父廟，以張良配饗，春秋二時仲月上戊日祭之。五月壬戌，五嶽各置老君廟。』⑪『天寶元年』（七四二年），……上遣使就函谷故關尹喜臺西發得之，乃置玄元廟於大寧坊。』⑫五代後唐『明宗天成四年（九二九年），十二月，敕崇聖祖，修飾道院，既復其名，固難無額，宜令所可依舊造上清宮牌額，兼京城内全真觀改為崇道宮，亦準上給換牌額，以上清宮久無牌額故也』。⑬『長興二年（九三一年）。六月，……閩王延鈞好神仙之術，道士陳守元、巫者徐彥林與盛韜共誘之作寶皇宮，極土木之盛，以守元為宮主。』⑭以上可見，隋唐五代時期，由於統治者對道教宮觀重視和支持，使道教建築得到空前發展。單在唐代，據《唐六典·祠部》稱：當時的天下道觀總共就有一千六百八十七所。⑮

北宋時期，當時的統治者亦崇奉道教，使道教建築得到相應的發展。早在宋太宗時，蘇州就建築了太一宮，據《續資治通鑑》卷十一《宋紀·太宗》載：『太平興國六年（九八一年），冬，十月，甲午，蘇州太一宮成。先是方士言，五福太一，天之貴神也。行度所至之國，民受其福，以數推之，當在吳越谷，故令築宮以祀之。』另在太平興國八年（九八三年）五月，丁卯，太宗又『詔作太一宮於都城南。』⑯宋真宗時，更大肆修建宮觀，據《續資治通鑑》卷三十一《宋紀·真宗》載：『大中祥符六年（一〇一三年），……帝崇信符瑞，修飾宮觀，承規悉預焉。作玉清昭應宮尤精麗，小不中程，雖金碧已具，必毀而更造，有司不敢計其費。及宮成，追贈侍中。』又據上書卷三十三載：『大中祥符九年（一〇一六年），冬，十月，初，祠部員外郎呂夷簡提點兩浙路刑獄，時京師大建宮觀，伐林木於南方。』宋仁宗時，『於皇祐五年（一〇五三年），……六月，丙戌，新修集禧觀成。初，會靈觀火，更名曰集禧，即舊址西偏復建一殿，共祀五嶽，名曰奉神殿。』宋徽宗時『建上清寶籙宮』，而且『天下皆建神霄宮』。⑰。

南宋、金元時期，道教建築又得到進一步發展。早在南宋時，宋高宗就於『紹興十三年（一一四三年），二月，乙酉……詔臨安府建景靈宮。』⑱後又於紹興『十八年（一一四八年），增建道院。』⑲南宋以後，隨着注重清修的全真道在北方的興起，更由於全真道龍門派創始人丘處機受命掌管天下道教以後，對全真道的建築有了很大推動。金哀宗正大元年（即成吉思汗十九年，一二二四年）丘處機在朝見成吉思汗後，受封為道教大宗師，回到大都（今北京），入居太極觀（後改名為長春觀）後，就不失時機地大力發展組織，一方面開壇說戒，大收門徒，另一方面又派出弟子去各地建造宮觀。在其指揮下，全真道所建築的宮觀發展很大。據《終南山樓觀宗聖宮同塵真人李尊師道行碑》中載，全真道士李志柔『始建長春（觀）於漳州，奉天、棲真（觀）於大名』，又建『磁州之神霄，相州之清虛，林慮之太平，廣宗之大同，燕都之洞真』。他一人就在『諸方起建大小庵觀二百餘區』。丘處機的另一弟子劉志源也建築了不少宮觀，據《甘水仙源録·終南山劉先生事蹟》載：在他被委任提舉大名路教門事時，弟子數百人，建立庵觀一〇〇餘所。另一弟子宋德方也建立庵觀四十餘區，綦志遠建立觀二十餘所，秦志安為了刊刻《道藏》建了二十七局（即庵觀）。如此等等，反映了南宋以後金元時期全真道建築的興盛。[20]此外，隨着全真道在金代的興起，加之又建立了十方叢林和子孫廟的組織形式，這使當時的道教建築在規模上必然形成與之相適應的建築規模，即大型建築與小型建築的形式，它對於元代以後的道教建築產生了重要影響。

現存我國保留的宋元時期的道教建築仍有多處，它們是：山西太原晉祠聖母殿、蘇州玄妙觀、山西陽泉的關帝廟、山西定襄的關王廟、山西吉縣的坤柔聖母廟、山西芮城永樂宮等，它們都堪稱我國宋元道教建築的珍品。其中，山西太原晉祠聖母殿是我國現存最早的道教建築，建於北宋天聖間（一〇二三——一〇三一年），崇寧元年（一一〇二年）重修。山西芮城永樂宮，原在山西永濟縣永樂鎮，是在唐代呂公祠原址上重建的大純陽萬壽宮的主要部分。建於元中統三年（一二六二年）。

明清時期，道教逐漸由盛轉衰，道教也多處於由新建轉入重建、重修的局面。洪武初（一三六八年）明太祖曾對道教建築實行了一些保護措施，洪武二年（一三六九年），他曾下詔：『天下神祇，常有功德於民，事迹昭著者，雖不致祭，禁人毀撤祠宇。』[21]但洪武二十四年（一三九一年），道釋二教又受到清理，規定『凡各府州縣寺觀，但存寬大者一所，並居之。凡僧道，府不得過四十人，州三十人，縣二十人。』[22]以上措施，無疑給道教建築的發展帶來了限制。儘管當時的道教處在每況愈下的境地，但明清兩代仍建築了一些宮觀，尤其是對著名宮觀進行許多修葺。據《明統一誌》統計：明洪武中，全國新建道觀五十六所，重建二十二所，重修六十九所。

現存我國保留下來的明清道教建築比較多，其中較著名的有：江西龍虎山的天師府，湖北武當山的金殿、紫霄宮，四川成都的青羊宮，北京的白雲觀，沈陽的太清宮等。

（二）道教建築的佈局

據曾召南、石衍豐先生研究，㉓我國道教建築的佈局，大體經歷了三個發展階段，即『靖』和『治』的建築佈局，以『天尊殿』為中心的建築佈局和以『三清殿』為中心的建築佈局。現分述如下：

一、『靖』和『治』的建築佈局

據《要修科儀戒律鈔》卷十引《太真科》曰：『道民入化，家家各立靖室。』《真誥》卷十八録許長史記：所謂靖室，一曰茅屋，二曰方溜室，三曰環堵。製屋之法，用四柱三桁二樑，取同種材。屋東西首長一丈九尺，成中一丈二尺，二頭各餘三尺，後溜餘三尺五寸，前南溜餘三尺，棟去地九尺六寸，二邊桁去地七尺二寸。東南地開户高六尺五寸、廣二尺四寸。用材為户扇，務令茂密，無使有隙。南面開牖，名曰通光。長一尺七寸，高一尺五寸。在室中坐，令平眉。中有板牀，高一尺二寸，長九尺六寸，廣六尺五寸，薦席隨時寒暑，又隨月建，周旋轉首。壁牆泥令一尺厚，好摩治之。此法在名山大澤無人之野，不宜人間。入室春秋四時，皆有法。』又註曰：『道機（經）作静室法，與此異。』這大概是建造於山居大澤為山居道士所居的靖室，與民家靖室或有差別。另據南朝劉宋《陸先生道門科略》所記：『奉道之家，靖室是致誠之所，其外別絶，不連他屋，其中清虛不雜餘物，開閉門户，不妄觸突，灑掃精肅，常若神居。唯置香爐、香燈、章案、書刀四物而已。』這裏所描述的則是道民所居的靖室。關於『治』的建築佈局，據《要修科儀戒律鈔》載：『《太真科》曰：立天師治，地方八十一步，法九九之數，唯昇陽之氣，治正中央名崇虛堂，一區七架六間十二丈，開起堂屋，當中央二間上作一層崇玄臺。當臺中安大香爐，高五尺，恒焚香。開東西南三户，户邊安窗。兩頭馬道。厦南户下飛格上朝禮。……崇玄臺北五丈起崇仙堂，七間十四丈七架，東為陽仙房，西為陰仙房。玄臺之南，去臺十二，又近南門，起五間三架門室。門室東間南部宣威祭酒舍，門室西間典司察氣祭酒舍。其餘小舍，不能具書。二十四治，各各如此。』從建築風格上看，其主要建築擺在南北中軸線上，東西兩側為馬道，從南往北看門室（祭酒宿舍），崇虛堂其中間二層樓建築為崇玄臺，是『治』建築的中心，也是朝禮儀式的中心。最後為崇仙堂，其東為陽仙房，西為陰仙房。又據《赤松子章曆》卷二引《太真科》註曰：『五刑論者，謫輸天師治覆屋茅三千束。六刑論者，責輸瓦屋二千合。』可見天師治是簡陋的茅屋和瓦屋。它已初步形成了一個比較簡樸的修道祀神的建築佈局。由此『天師治』後來發展為『師家為治』，即男女師皆可自立治所。據《要修科儀戒律鈔》卷十引《玄都律》曰：『民家安靖於天德者，甲乙丙丁地作入靖，小治廣八尺、長一丈，中治廣一丈二尺、長一丈四尺，大治廣一丈六尺、長一丈八尺。面户向東，爐案中央。』這應當是『師家為治』的建築佈局。

二、以『天尊殿』爲中心的建築佈局

據《洞玄靈寶三洞奉道科戒營始》（日人福井康順、秋月觀瑛認為是隋初、大淵忍爾認為是唐初，而吉岡義豐認為是梁末出現該書）『置觀品』載：宮觀的『佈設方所備有軌制，凡有六種：一者山門，二者城郭，三者宮掖，四者村落，五者孤迥，六者依人。皆須帝王營護、宰臣創修，度道士女冠住持供養，最進善之先首不可思議者也。』規定『造天尊殿』（可造三、五、七、九、十二、十三間）、天尊講經堂（可造一兩間，三五間）、說法院、經樓、鐘閣、師房、齋堂（多在東邊別院）、齋厨（宜與食堂相附近）、寫經房（當別列一院勿通常人，並立校經堂）、浴堂（造浴堂乃至別院私房，此最為急）、受道院、精思院（本欲隔礙囂氛，清靜滓穢，須為別院置之)。還設有導真臺、煉氣臺、祈真臺、吸景臺、散華臺、望仙臺、承露臺、九清臺、遊仙閣、凝靈閣、乘雲閣、飛鸞閣、延靈閣、迎風閣、九仙樓、延真樓、午鳳樓、逍遥樓、九真樓、焚香樓、静念樓等供道士女冠翹想雲衢，騰誠星路，遊心方外，送目寰中，冀八景俯臨十仙。」並要求『凡觀門左右皆別開車馬牛驢出入門，不得於正門來往』。並設有淨人坊、俗客房、碾磑房、騾馬房、車牛房、燒香坊、昇遐房。還經營藥圃、果園、名木、奇草、清地、芳花等等。對建築的佈局、用途、禁忌，及附屬走廊、軒廊、門樓、門屋等都作了相應的規定和敘述，並反覆强調『修建大小、寬窄、壯麗、質樸、各任力所營』，『依時取便』，『任其所宜』，『此非永制』。由此而『稱為福地，亦曰淨居，永劫住持，勿使廢替』等等。可見此時的宮觀建築規模之大，佈局之嚴，是前所未有的。『天尊殿』不僅是該宮觀的建築中心，也是祀神朝禮之中心。從『佈設方所』的『軌制六種』中，可以瞭解到當時供修築的地域也擴大了，大概可以設在山野(引山門之意應理解為山野、山中)、都邑、宮廷、村落中，或寂寥高遠處，或依人自定等。但這些宮觀建築『皆需帝王營護，宰臣創修』，官方營造成為定規。『玄壇』、『門室』的稱呼帶有二十四治建築的痕跡。擺在南北中軸線上的主要建築，從南往北看有觀門、壇、天尊殿(堂)、講經堂等，和二十四治中軸線上建築大同小異，明顯不同的是二十四治的建築中心『崇虛堂』、『崇玄臺』，被『天尊殿』代替了。東西兩廂增加了不少院、房、樓、閣；單獨設立的別院有七處之多，還有二十餘處臺、閣、樓、堂供道士、女冠尋真煉氣，焚香靜念，此為道教宮觀建築上的重大發展。還有藥圃、菜園，並規定各處栽果林珍草，可謂規模宏大的建築！當然，並非所有的宮觀都有如此大的規模，正如該書所述：『任力所營，依時取便，任其所宜。』這種以『天尊殿』為中心的建築佈局，大約最早出現在南北朝時。隋開皇二年（五八二年）益州所建至真觀，據唐初盧照鄰《釋疾文》所記，觀中有天尊真人像萬餘軀，由于年代寖深已積萬古之埃塵。可以想見，當時的建築規模的確很大。

三、以『三清殿』爲中心的建築佈局

以『三清殿』為中心的建築佈局，起於何時，今尚未有確切資料。據《慶唐觀銘》：景德二年（一〇〇五年）篤民修其三殿，曰玄元、曰三清、曰三皇，功就而未遑紀其事，大中祥符元載罷。[23]又《重修三清殿記》：天聖觀蓋唐聖祖降真之地，形勢壯偉，甲於河東，其中三殿岌然先後鱗比，其一曰老子，次曰三清，次曰三皇，而六帝侍焉，自唐迄宋，日月寖久……政和元年（一一一一年）六月望日記。[24]據此，以『三清殿』為中心的建築佈局至遲在唐代的道觀中就有了。唐末以後，又為五代十國時的某些王朝所採用。據《資治通鑑·後晉紀三》載：『高祖天福四年（九三九年），閩主用陳守元言，作三清殿於禁中……。』另據《古今圖書集成》五一一冊五十五頁載：『元妙觀在江寧府治東南四里，……宋開寶（九六八——九七五年）

中，創三清殿。」由此可見，三清殿基本上成為道教宮觀建築佈局的中心了。

宋金元三代，道教的宮觀建築多採用以『三清殿』或以供三清神為中心的佈局規式。有的宮觀建築規模大，費時費力，從以下材料中便可得知：據《續資治通鑑》卷三十一《宋紀·真宗》載：『玉清宮昭應宮成，總二千六百一十一區。初料功須十五年，修宮使丁謂以夜繼晝，每繪一壁給二燭，遂七年而成。軍校工匠，第賞者九百餘人。』又據上書卷三十二《宋紀·真宗》載：『大中祥符九年（一〇一六年），二月壬辰，命修景靈宮副使林特詣兗州景靈宮太極觀設醮，以營建皆故也。宮觀總一千三百二十二區。三月庚午，亳州言明道宮成，總四百八十區。』其工程規模之大，在道教建築史上可謂空前。又大中祥符八年十二月宋彭乘《修玉局觀記》稱：在四川成都府北三十里有玉局觀《無上秘要》卷二十三載『玉局治』在成都府北左），當時『東西廣七十七步，南北長七十五步，中建三清殿七間，東廂三官堂、鎮樓、玉局祠室，西廂九曜堂、太宗皇帝御書樓，並齋、廳、厨、庫、門屋、周迴廊宇共一百三十五間。㉕由此可知宋代的道教宮觀建築，已經是典型的南北中軸線上設正殿建築，東西兩側設配殿建築及其它附屬性建築的營造格局。另外，金大定年間重修的京都天長觀（今北京白雲觀前身），其佈局與規模，據《宮觀碑誌·中都十方大天長觀重修碑》載：『前三門，榜曰十方大天長觀，中三門曰玉虛之門，設虛皇醮壇三級。中大殿曰玉虛以奉三清，次有閣曰通明以奉昊天上帝，次有殿曰延慶以奉元辰衆象；翼於其東者有殿曰澄神，翼於其西者有殿曰生真，以奉六位元辰；東有鐘閣曰靈音，兼奉玉皇上帝、虛無玉帝，次有閣曰大明以奉太陽帝君，次有殿曰五嶽以奉諸嶽帝暨長白山興國靈應王；西閣曰飛玄，以秘道藏，兼奉三天寶君，次有閣曰清輝以奉太陰皇君，次有殿曰四瀆以奉江河淮濟之神。洞房兩廡暨方丈凡百六十楹有奇，至於棟樑楹角之材，丹雘塗茨之飾，圖繪偶像之工，雖龍杉、錦柏、雲梓、星栝、閣梅、香瓊、賁丘、朱泥、班倕之巧、吳張之妙不是過也。』雖這個材料中未見天長觀中有『三清殿』之名，但從上述中提到的『中大殿曰玉虛以奉三清』的記載來看，實際上玉虛殿也就是當時的三清殿。

另外，元代從一二四七年至一二六二年，費時十五年由潘德沖主持修建的大純陽萬壽宮。被認為是『規模宏大，嚴飾壯觀』的宮觀建築，成為元代全真道的三大『祖庭』之一。從現存部分的總體佈局來看，僅在一條南北向的軸線上排列着主要建築，不設東西配殿或周圍廊屋，打破了傳統習慣。由前至後現存建築有五座：即宮門、無極門、三清殿、純陽殿和重陽殿。最後的丘祖殿和純陽殿兩側的『朵』殿已毀，今只存遺址，除宮門為清代建築外，其餘四座殿宇都是元代建築。其中的三清殿是唯一的主殿，體積最大，殿前有寬大的月臺和筆直的通道，院落寬敞。三清殿以後，建築物的間距和規模逐漸縮小，在空間感的處理上，賓主的氣氛十分鮮明。按照光緒《永樂縣誌》所載『永樂宮圖』，西部尚有披雲道院、玉皇閣、呂祖祠、報功祠、書院、三官殿、城皇殿等建築。現在均在宮牆之外，披雲道院以北部分已改為學校，原有規模已難辨認。唯據縣誌附圖所示，這一組建築多係並排橫列，其配置方式與尋常的平面佈局截然不同。此外三清殿前並有七條並列的水渠，與《重陽全真集》中『八渠瓊水』的說法不無關係，顯然也是一種有意識的配置。

據崇禎九年《純陽萬壽永樂宮重修牆垣碑記》上說：『……當其時名掛天府，奉敕建宮，魯班匠手，道子畫工，殿閣巍巍，按天上之九星而羅列，道院森森，照地下之八卦而排成……』，可見永樂宮的總體佈局，並非沿襲一般的傳統習慣，而是按照道教的象徵意義設計的。這說明，南宋、金代以後，全真道在宮觀建築上已形成了一套與道教教義相適應的營造制度的建築風格。㉕

綜上所述，我國的道教建築在佈局上雖然經歷了以上三個發展階段，但它們之間在建築佈局上所形成的共同特點也是非常明確的，這就是：南北中軸線上設正殿建築，東西兩側設配殿建築及其它附屬設施的營造格局。即便是明清以後的道教建築，也大都遵循這一佈局模式。只不過根據宮觀規模的大小，所祀神祇的不同，適應民俗生活的需要而有所增減罷了。

從現今保存下來的明清道觀中，無論是正一道和全真道的宮觀，除有的宮觀所祀主要神祇略有不同外，在宮觀建築形式方面，一般無差別。其佈局大多是：前有山門、華表、幡杆，入山門即入宮觀管理範圍，一般以華表之外屬俗界，華表之內屬仙界；山門內之正中部分為中庭，中庭建三大殿堂（也有多有少的），為宮觀中的正殿建築。大多祀靈官及四帥、玉皇大帝、四御、三清；正殿的東西兩側為配殿，祀一般道教尊神，或設十方、雲水客堂及執事房。中庭為宮觀的主要部分，在中庭整體的兩邊，則建道院，一般稱東道院、西道院，祀一般諸神，並建齋堂、寮房等。宮觀四周大都建有圍牆；觀內常配有亭、臺、樓、閣、迴廊和塔、碑等附屬性建築。

茲以全真道的北京白雲觀及正一道的北京東嶽廟為例，介紹其建築佈局大體如下：

北京白雲觀：前有欞星門，欞星門對邊為影壁，欞星門內立東西華表與石獅。華表後為山門，進入山門便是中庭部分，其建置層次為：東幡杆、西幡杆；靈官殿，東陪房為十方堂，西陪房為雲水堂；靈官殿後東西兩側依次設鼓樓、鐘樓；正中為玉皇殿，東陪殿為儒仙殿，西陪殿為三豐殿；老律堂（即七真殿），東西陪殿為十八宗師殿；丘祖殿；四御殿，樓上為三清閣；四御殿東為方丈室，西為監院室；三清閣東西兩側均為藏經樓。在中庭部分的東邊，建有抱元道院，院內有火神殿、華佗殿、南極殿、羅公塔、齋堂等。中庭的西邊為會仙道院，院內有呂祖宮、元君殿、甲子殿、祠堂。緊連以上建築部分，後面建有雲集園，或稱小蓬萊，園內有戒臺、演戒堂、雲集山房、退居樓。整個白雲觀為紅牆圍繞。白雲觀為全真道『三大祖庭』之一，號稱全真天下第一叢林。

北京東嶽廟：前有牌樓，亦稱欞星門。牌樓對過則為山門殿，殿內祀哼哈二將；山門殿後為中庭部分，層次為：主殿祀東嶽大帝，東西兩側陪殿為地府七十二司；寢宮殿，祀東嶽大帝之后妃；東青騾、西白馬；東有喜神殿，西有太子殿。東道院有老爺（關帝）殿，龍王殿、客堂及執事房。西道院有魯班殿、閻王殿、月佬殿、東嶽大帝殿（神像為檀香木刻）。該廟殿堂林立，規模宏大。它是正一道中主祀地獄陰司之鬼神的道廟。[27]

（三）道教建築的文化內涵

我國的道教建築由於具有宗教建築的屬性，因此它的建築佈局也必然要滲透着道教的神仙信仰與傳統哲學思想。根據王宜娥女士的研究，[28]再綜合其它方面的資料，概括起來，有以下幾點：

一、道教建築佈局與神仙信仰的關係

總的來看，我國道教宮觀的建築佈局與統治階級的宮殿建築是基本相似的，如將現今北京白雲觀的建築佈局同北京故宮的建築佈局加以比較，就可以看出二者之間的共同點仍為：南北中軸線上設正殿建築、東西兩則設配殿及其它附屬性建築的營造格局。儘管二者有這樣的共同點，但是對道教建築來說，它的佈局又有自身的文化內含，這就是體現着它與神仙信

仰的關係。其中最突出也就是最普遍的是：以其所奉神仙的階位來確定宮觀殿宇的規格、大小與裝飾。例如，玉皇是道教中掌管天上一切的最高天神，號稱為『昊天金闕至尊玉皇大帝』，類似於天上的君主，所以供奉玉皇的殿堂，一般均與人間帝王宮殿建築相仿。五嶽之神，也都封為帝君，供奉五嶽大帝的大廟也都規模宏偉，正殿均為黃琉璃瓦頂，與皇宮的建築規制基本相似。奉祠東嶽泰山神的岱廟，史載為：『秦既作時』，『漢亦起宮』，唐時增修，宋代擴建。至北宋宣和年間，『為殿、寢、堂、閣、門、亭、庫、館、樓、觀、廓、廡合八百一十有三楹』，主殿黃瓦朱甍，迴廊環繞，古柏參天，碑碣林立。其它四嶽主廟，也都紅牆黃瓦，殿、寢、堂、閣、門、亭、碑無所不有，與人間帝王宮殿無異。而建於各地保護城池之神的城隍，不僅其造像類似官員，頭戴烏紗，而且廟宇也仿造衙門式樣，有的還備有供其出巡的車輦與官轎。

總之，在道教的建築師們看來，人間帝王將相們所享的一切，神仙都應同樣享有。在道教看來：不是因為人間有了尊卑不同的等級制度，才出現了神仙世界的品位尊卑、職位高下之別。恰恰相反，正是因為天界存在着嚴格的等級制度，人間才理所當然地形成了尊卑、高下等級分明的社會秩序。道教神仙信仰的這種等級思想，在道教建築的佈局上也表現得十分明顯，例如，在不同的宮觀中，南北中軸線上所建築的正殿往往用來供奉觀中之等級較高的神；而在東西兩側所建築的配殿中則往往用來供奉觀中之一般神仙。因此，宮觀的規格完全與所奉神的地位相一致。

二、道教建築與傳統哲學思想的關係

道教建築在佈局、體量、結構等方面，均與我國傳統的哲學思想有着密切的關係。早在先秦時代，當時的明堂建築就深刻體現了傳統陰陽五行及天人感應的思想。據《素問·五運行大論》云：『黄帝坐明堂，始正天綱，臨觀八極，考建五常。』《大戴禮》云：『明堂天法也。』另據王治心《中國宗教思想史大綱》引惠棟《明堂大道録》云：『明堂者，古有之也，凡九室，一室而有四户牖，三十六户，七十二牖，以茅蓋屋，上圓下方；……堂方四十四尺，坤之筴也，屋周徑二百一十六尺，乾之筴也。太廟明堂方三十六丈，通天屋徑九丈，陰陽六丈之變，圓蓋方載，六九之道，八闥以象八卦，九室以象九州，十二宫以應十二辰，三十六户七十二牖，以四户八牖椉九室之數也。户皆外設而不閉，示天下不藏也。通天屋八十一尺，黄鐘九九之實也。二十八柱列於四方，亦七宿之象也，堂高三尺以應三統，四鄉五色，各象其行，外博二十四丈，以應節氣。』

在古人看來，天地是互相呼應的，萬物之序、長幼尊卑均是天定，因而地上的建築也必須按照天象方位為準則，否則就會帶來不吉利。從現今仍保留下來的道教建築中，有的局部建築象徵着周天之數，如山東泰山碧霞祠中碧霞元君殿的殿頂由三百六十壠銅瓦組成，以

『象周天之數』；㉙有的整體建築佈局則象徵着八卦，如江西龍虎山天師府內的建築佈局即成『八卦』形；而有的建築佈局則象徵着八卦五行，如四川成都青羊宮的八卦亭和山西太原純陽宮的八卦殿等建築佈局即是。其中，成都青羊宮八卦亭的建築佈局含意尤深，該亭的佈局緊湊，精巧大方，整座亭共雕有八十一條龍，象徵老子八十一化。另有六十四卦，這是根據道教陰陽八卦的學說而設計的，也是道教教理『天圓、地方、陰陽相生、八卦交配成萬化』的哲理象徵。故取名為八卦亭。此外，在八卦亭外檐東、西、南三方的龍柱上還有着紅底金字的三副聯語。南方正方是『西出函關佛子拜，東來魯國聖人參』。其聯意為：道家的鼻祖李耳（老聃）當年曾騎青牛西出函谷關，受到佛門弟子的禮拜，而儒家聖人孔丘也曾從東方的魯國西來參拜老聃，並向他學禮。西南一副聯語是『無極而太極，不神以為神』。道家的宇宙觀認為，宇宙從無到有，從無極到元氣混一的太極，然後派生天地萬物。而道家的政治觀則是清静無為，説無為就無不為，故不必求神而自神。深刻地總結了道家的宇宙觀和政治、人生觀。東西一副聯語是『星躔井絡垂靈曜，卦位坤維萃列仙。』躔，是指星宿運行的度數、次序；井，是指二十八宿中的井星。聯意是：這八卦亭上應天空中的井星，上有靈光朗照；下居乾、坤、坎、離、震、巽、艮、兑八卦之位，常有羣仙薈萃。八卦亭內再塑老子法像，猶是西出函谷關時的模樣，青牛之頭西望，有聯云：『問青牛何人騎去？有黃鶴自天飛來。』充分説明了道家淵源流長的歷史與精闢的哲學理論。㉛

三、道教建築佈局的宗教內涵

道教建築除繼承我國傳統建築思想及哲學思想外，還對其建築佈局更進一步賦予了宗教含義。正如《太平經》所說：『天與地法，上下相應；天有子，地亦有子；天有午，地亦有午；天有坎，地亦有坎；天有離，地亦有離，其相應若此矣。是故丑未者，寅之后宫也。申者屬卯，侯王之婿也。……辰戌者，太皇后之家婦也。酉者屬午，小皇后也。』《道藏輯要雲笈七籤·二十八治》中文說：『謹按天師二十四治圖云：『太上以漢安二年正月七日申時下二十四治，上八治、中八治、下八治、應天二十四氣，合二十八宿，……。』因而道教的建築佈局不僅須法天、法地、法道、法自然，以『自然』的規律為規律，以八卦的方位為方位，亦與其神仙信仰有很密切的關係。按照乾南、坤北、天南、地北這一方位，所以道教宮觀中之建築佈局往往是以子午線為中軸，座北向南；兩側是日東，月西，坎離對稱。在道教宮觀中，它的建築羣多為由數進四合院，三合院縱身連接而成的建築羣，以應木、火、金、水四正，加上中央土，五行俱全。在道教看來：這樣可以取聚四方之氣，迎四方之神，也利於區分長幼尊卑，組成一個封閉式的建築佈局。

按照傳統的、封閉式的哲學思想，道教宮觀的建築佈局：最前面必須有影壁，它可以起到藏風聚氣和避邪的作用。根據一陰二陽，陽為奇數，山門必有三個門洞，以代表三界，祇有進了山門，跳出三界，方才算作出家之人。所以，較大的道教宮觀均建有三清、四御、玉皇、靈官等主要殿堂以及各自廟宇的祖師殿，如北京白雲觀中的丘祖殿和臺北行天宮中的關帝殿即是。由於道教神仙居住的宮觀與人間帝王居住的宮殿基本相似，因而它的建築佈局風格又是入世的。

四、道教建築的民俗內涵

儘管道教建築主要是供道士、信徒進行宗教活動而建，但道士、信徒本身也是人羣中的一員。他們在宗教活動以外。仍需一日三餐，自給自養，並同外界進行正常的政治、經濟和文化上的往來，以便尋求自身的發展。因此，在道教宮觀的建築中往往還要建造一部分像客堂、食堂（葷、素兩種）、茶社、住宿部、歌舞樓（有的稱樂樓，有的稱戲臺）、亭、小賣部等附屬性建築，以供人們進行社交、遊覽、食宿、娛樂、休閒、物資交易和道教開展對外宣傳及經濟活動服務。因此，從某種意義上講，道教建築亦具有公共建築的屬性，它與世風民俗息息相通。例如，過去各個地方的道教宮觀通常在一年當中的某一時間要舉辦這樣那樣的廟會。其中比較著名的，有北京白雲觀每年農曆正月十九日丘祖聖誕舉辦的「燕九節」廟會，和四川成都青羊宮、二仙庵每年農曆二月十五日老君聖誕舉辦的「花會」：

關於北京「燕九節」，據《萬曆野獲編》中之「淹九」條載：「京師正月燈，例以十八日收燈，城中士女傾國出城，西郊所謂白雲觀，聯袂嬉遊，席地佈飲，都人名為耍淹九。或云燈事闌珊，未忍遽捨，取淹留之意，似亦近之。』㉜

關於成都『花會』，據已故成都青羊宮老道長劉理釗生前回憶：過去，『每年花會期間，廟會上除正常進行自己的宗教活動外，諸如各種商品、小吃和文藝演出也在這裏進行和交流。每當善男信女進香拜神之後，又在花會上採購所需商品，同時也乘興觀看各種文藝——川劇、竹琴、清音、揚琴、金錢板、花燈、連厢和相聲等表演。過去，成都有名的竹琴藝人賈眼子（賈樹三）、清音藝人李月秋、金錢板藝人鄒忠新等也常來此獻技。』㉝

以上廟會本來是道教用以紀念全真道龍門派創始人邱處機，和道教教主李耳聖誕宗教節日，而在後來卻逐漸衍變為一種大型的傳統民俗節慶活動形式。在這類節慶活動中，道教的宮觀建築（或者說部分建築）正好充當了公共建築的角色，因而它也就必然具有一定的民俗內涵。

此外，道教建築的民俗內涵，還體現在現在某些專為供奉民間俗神而建的殿堂建築方面：這些建築或單獨建置，或為宮觀建築的一部分，雖不是道教建築的主體，然而分佈極廣，為數甚多。其建築名稱有雷神廟（或雷神殿、雷尊殿）、土地廟、藥王廟、文昌宮、財神廟、海神廟、城隍廟、竈王廟、關帝廟、媽祖廟等。因此所供神祇均屬民間流傳而為道教所信奉的神，所以其建築也必然具有民俗內涵。

五、道教建築的藝術內涵

道教建築具有豐富的藝術內涵。它將繪畫、雕塑、書法、聯額、題辭、詩文、碑刻、園林等多種藝術形式融為一體，因地制宜、巧作安排，具有較高的文化水準和多彩的藝術形象，從而給人以强烈的藝術感染。如，華南沿海一帶的道教建築，雕刻精美，壁畫生動；建置於名山風景區的道教建築，則結合奇峰異壑、甘泉秀水，以及參天古樹等自然景觀，靈活佈局，運用各種獨特的形制與作法，構造出許多玄妙神奇，出類拔萃的建築羣。

道教建築之裝飾主題，鮮明形象地反映道教追求吉祥如意，長生久視，羽化登仙等思想。如描繪日、月、星、雲、山、水、巖石等，寓意光明普照，堅固永生，山海年長；扇、龜、水仙、蝙蝠、鹿等，乃分別為善、裕、仙、福、禄之表徵；而鶯、松柏、靈芝、龜鶴、竹、獅、麒麟、龍、鳳等，又分別象徵友情、長生、不老、君子、避邪、祥瑞等，有時代之以福、禄、壽、喜、吉、天、豐、樂等字化作種種式樣，在器具或建築物上與其它花紋結合，作為裝飾。將壽寫成百種不同字形，名為『百壽圖』，福字則巧妙變幻，用於各種窗欞，以表吉祥如意，福壽康寧，樂天超凡，長生不老。還有『八仙慶壽』，『八仙過海』等神話故事，亦常為道教建築的裝飾題材。㉞

道教建築在繼承我國傳統建築藝術的基礎上，隨着道教的建立以及宗教儀禮的制度和規範化，而逐步定型和完備。儘管它與統治階級的宮殿建築在佈局上有著許多相同之處，但是，由於它在建築的很多方面，總是滲透着道教的教義思想，所以，它的建築風格又是獨具特色。它作為我國建築藝術的一個重要組成部分，其建築佈局、建築思想、建築裝飾以及建築風格，仍值得現代建築界借鑑和參考。是道教建築家留給我們的重要文化遺產，應當加以保護。

註釋：

①參見李養正《道教概說》一書第十四章《道教的宮觀》，中華書局一九八九年版。
②中國建築工業出版社一九八六年版。
③參見王宜娥《道教的神仙信仰及其造像建築藝術》一文，載一九八六年《道協會刊》第十七期（內刊）。
④《終南山說經臺歷代真仙碑記》。
⑤《混元聖紀》卷八。
⑥《舊唐書》卷三《本紀》第三。
⑦《舊唐書》卷五《本紀》第五。
⑧《舊唐書》卷七《本紀》第七。
⑨《新唐書》卷五《睿宗本紀》。
⑩《舊唐書》卷一百九十二《列傳》第一百四十二。

⑪《舊唐書》卷八《本紀》第八。

⑫《舊唐書》卷九《本紀》第九。

⑬《五代會要》卷十二。

⑭《資治通鑑》卷二百七十七《後唐紀》六。

⑮《唐六典·祠部》：「凡天下觀總一千六百八十七所。」

⑯《宋史》卷四《本紀》第四。

⑰《宋史》卷四百六十二《列傳》第二百二十一。

⑱《續資治通鑑》卷一百二十六《宋紀·高宗》。

⑲《宋史》卷一百九《禮誌》第六十二。

⑳參見曾召南、石衍豐編著《道教基礎知識》一書第七章第二部分《道教宮觀》，四川大學出版社一九八八年版。

㉑《明史》卷五十《誌》第二十六。

㉒《明史·職官誌》。

㉓參見曾召南、石衍豐編著《道教基礎知識》一書第七章第二部分《道教宮觀》，四川大學出版社一九八八年版。

㉔《龍角山紀》。

㉕《古今圖書集成》。

㉖參見杜仙洲《永樂宮的建築》一文，載《永樂宮的傳說》一書第十六頁，中國旅遊出版社一九八七年版。

㉗參見李養正《道教概說》一書第十四章《道教的宮觀》，中華書局一九八九年版。

㉘參見王宜娥《道教的神仙信仰及其造像建築藝術》一文，載一九八六年《道協會刊》第十七期（內刊）。

㉙《新刻泰山小史》。

㉚參見《洞天勝景》（一）一書中之《龍虎山天師府》一文，《中國道教》增刊，一九八七年出版。

㉛參見張元和、黄明康編著《川西第一道觀青羊宮》一書，四川社會科學出版社一九八八年版。

㉜參見董中基《北京白雲觀及其殿堂》一文，載一九八六年《道協會刊》第十七期（内刊）。

㉝參見甘紹成《川西道教音樂與地方音樂的關係》一文，載《人民音樂》編輯部編印的《第一屆道教科儀音樂研討會論會文集》一書。

㉞參見李維信《道教建築》條，載《中國大百科全書·宗教》卷，中國大百科全書出版社一九八八年版。

後記

道教是我國固有的傳統宗教，其歷史悠久，淵遠流長。道教文學藝術內容豐富又絢麗多彩。在本書中，我們對其作了簡要介紹。由於作者水平有限，錯誤和缺點在所難免，望方家不吝賜教。

本書作者分工如下：

道教文學史略、道教遊仙詩、道教步虛詞、道教青詞由楊光文撰寫。

道教音樂、道教舞蹈、道教繪畫、道教雕塑、道教建築由甘紹成撰寫。

作者

生活廣場系列

① 366 天誕生星
馬克・失崎治信／著　定價 280 元

② 366 天誕生花與誕生石
約翰路易・松岡／著　定價 280 元

③科學命相
淺野八郎／著　定價 220 元

④已知的他界科學
天外伺朗／著　定價 220 元

⑤開拓未來的他界科學
天外伺朗／著　定價 220 元

⑥世紀末變態心理犯罪檔案
冬門稔貳／著　定價 240 元

⑦ 366 天開運年鑑
林廷宇／編著　定價 230 元

⑧色彩學與你
野村順一／著　定價 230 元

⑨科學手相
淺野八郎／著　定價 230 元

⑩你也能成為戀愛高手
柯富陽／編著　定價 220 元

⑪血型與12星座
許淑瑛／編著　定價 230 元

26. 華佗五禽劍	劉時榮著	180 元
27. 太極拳基礎講座：基本功與簡化 24 式	李德印著	250 元
28. 武式太極拳精華	薛乃印著	200 元
29. 陳式太極拳拳理闡微	馬　虹著	350 元
30. 陳式太極拳體用全書	馬　虹著	400 元

・原地太極拳系列・電腦編號 11

1. 原地綜合太極拳 24 式	胡啟賢創編	220 元
2. 原地活步太極拳 42 式	胡啟賢創編	200 元
3. 原地簡化太極拳 24 式	胡啟賢創編	200 元
4. 原地太極拳 12 式	胡啟賢創編	200 元

・道學文化・電腦編號 12

1. 道在養生：道教長壽術	郝　勤等著	250 元
2. 龍虎丹道：道教內丹術	郝　勤等著	300 元
3. 天上人間：道教神仙譜系	黃德海著	250 元
4. 步罡踏斗：道教祭禮儀典	張澤洪著	250 元
5. 道醫窺秘：道教醫學康復術	王慶餘等著	250 元
6. 勸善成仙：道教生命倫理	李　剛著	250 元
7. 洞天福地：道教宮觀勝境	沙銘壽著	250 元
8. 青詞碧簫：道教文學藝術	楊光文等著	250 元
9. 　　　　：道教格言精粹	朱耕發等著	250 元

・秘傳占卜系列・電腦編號 14

1. 手相術	淺野八郎著	180 元
2. 人相術	淺野八郎著	180 元
3. 西洋占星術	淺野八郎著	180 元
4. 中國神奇占卜	淺野八郎著	150 元
5. 夢判斷	淺野八郎著	150 元
6. 前世、來世占卜	淺野八郎著	150 元
7. 法國式血型學	淺野八郎著	150 元
8. 靈感、符咒學	淺野八郎著	150 元
9. 紙牌占卜學	淺野八郎著	150 元
10. ESP 超能力占卜	淺野八郎著	150 元
11. 猶太數的秘術	淺野八郎著	150 元
12. 新心理測驗	淺野八郎著	160 元
13. 塔羅牌預言秘法	淺野八郎著	200 元

・趣味心理講座・電腦編號 15

1.	性格測驗① 探索男與女	淺野八郎著	140 元
2.	性格測驗② 透視人心奧秘	淺野八郎著	140 元
3.	性格測驗③ 發現陌生的自己	淺野八郎著	140 元
4.	性格測驗④ 發現你的真面目	淺野八郎著	140 元
5.	性格測驗⑤ 讓你們吃驚	淺野八郎著	140 元
6.	性格測驗⑥ 洞穿心理盲點	淺野八郎著	140 元
7.	性格測驗⑦ 探索對方心理	淺野八郎著	140 元
8.	性格測驗⑧ 由吃認識自己	淺野八郎著	160 元
9.	性格測驗⑨ 戀愛知多少	淺野八郎著	160 元
10.	性格測驗⑩ 由裝扮瞭解人心	淺野八郎著	160 元
11.	性格測驗⑪ 敲開內心玄機	淺野八郎著	140 元
12.	性格測驗⑫ 透視你的未來	淺野八郎著	160 元
13.	血型與你的一生	淺野八郎著	160 元
14.	趣味推理遊戲	淺野八郎著	160 元
15.	行為語言解析	淺野八郎著	160 元

・婦 幼 天 地・電腦編號 16

1.	八萬人減肥成果	黃靜香譯	180 元
2.	三分鐘減肥體操	楊鴻儒譯	150 元
3.	窈窕淑女美髮秘訣	柯素娥譯	130 元
4.	使妳更迷人	成　玉譯	130 元
5.	女性的更年期	官舒妍編譯	160 元
6.	胎內育兒法	李玉瓊編譯	150 元
7.	早產兒袋鼠式護理	唐岱蘭譯	200 元
8.	初次懷孕與生產	婦幼天地編譯組	180 元
9.	初次育兒 12 個月	婦幼天地編譯組	180 元
10.	斷乳食與幼兒食	婦幼天地編譯組	180 元
11.	培養幼兒能力與性向	婦幼天地編譯組	180 元
12.	培養幼兒創造力的玩具與遊戲	婦幼天地編譯組	180 元
13.	幼兒的症狀與疾病	婦幼天地編譯組	180 元
14.	腿部苗條健美法	婦幼天地編譯組	180 元
15.	女性腰痛別忽視	婦幼天地編譯組	150 元
16.	舒展身心體操術	李玉瓊編譯	130 元
17.	三分鐘臉部體操	趙薇妮著	160 元
18.	生動的笑容表情術	趙薇妮著	160 元
19.	心曠神怡減肥法	川津祐介著	130 元
20.	內衣使妳更美麗	陳玄茹譯	130 元
21.	瑜伽美姿美容	黃靜香編著	180 元
22.	高雅女性裝扮學	陳珮玲譯	180 元
23.	蠶糞肌膚美顏法	坂梨秀子著	160 元

24. 認識妳的身體	李玉瓊譯	160 元
25. 產後恢復苗條體態	居理安・芙萊喬著	200 元
26. 正確護髮美容法	山崎伊久江著	180 元
27. 安琪拉美姿養生學	安琪拉蘭斯博瑞著	180 元
28. 女體性醫學剖析	增田豐著	220 元
29. 懷孕與生產剖析	岡部綾子著	180 元
30. 斷奶後的健康育兒	東城百合子著	220 元
31. 引出孩子幹勁的責罵藝術	多湖輝著	170 元
32. 培養孩子獨立的藝術	多湖輝著	170 元
33. 子宮肌瘤與卵巢囊腫	陳秀琳編著	180 元
34. 下半身減肥法	納他夏・史達賓著	180 元
35. 女性自然美容法	吳雅菁編著	180 元
36. 再也不發胖	池園悅太郎著	170 元
37. 生男生女控制術	中垣勝裕著	220 元
38. 使妳的肌膚更亮麗	楊　皓編著	170 元
39. 臉部輪廓變美	芝崎義夫著	180 元
40. 斑點、皺紋自己治療	高須克彌著	180 元
41. 面皰自己治療	伊藤雄康著	180 元
42. 隨心所欲瘦身冥想法	原久子著	180 元
43. 胎兒革命	鈴木丈織著	180 元
44. NS 磁氣平衡法塑造窈窕奇蹟	古屋和江著	180 元
45. 享瘦從腳開始	山田陽子著	180 元
46. 小改變瘦 4 公斤	宮本裕子著	180 元
47. 軟管減肥瘦身	高橋輝男著	180 元
48. 海藻精神秘美容法	劉名揚編著	180 元
49. 肌膚保養與脫毛	鈴木真理著	180 元
50. 10 天減肥 3 公斤	彤雲編輯組	180 元
51. 穿出自己的品味	西村玲子著	280 元
52. 小孩髮型設計	李芳黛譯	250 元

・青春天地・電腦編號 17

1. A 血型與星座	柯素娥編譯	160 元
2. B 血型與星座	柯素娥編譯	160 元
3. 0 血型與星座	柯素娥編譯	160 元
4. AB 血型與星座	柯素娥編譯	120 元
5. 青春期性教室	呂貴嵐編譯	130 元
7. 難解數學破題	宋釗宜編譯	130 元
9. 小論文寫作秘訣	林顯茂編譯	120 元
11. 中學生野外遊戲	熊谷康編著	120 元
12. 恐怖極短篇	柯素娥編譯	130 元
13. 恐怖夜話	小毛驢編譯	130 元
14. 恐怖幽默短篇	小毛驢編譯	120 元
15. 黑色幽默短篇	小毛驢編譯	120 元

16. 靈異怪談	小毛驢編譯	130元
17. 錯覺遊戲	小毛驢編著	130元
18. 整人遊戲	小毛驢編著	150元
19. 有趣的超常識	柯素娥編譯	130元
20. 哦！原來如此	林慶旺編譯	130元
21. 趣味競賽100種	劉名揚編譯	120元
22. 數學謎題入門	宋釗宜編譯	150元
23. 數學謎題解析	宋釗宜編譯	150元
24. 透視男女心理	林慶旺編譯	120元
25. 少女情懷的自白	李桂蘭編譯	120元
26. 由兄弟姊妹看命運	李玉瓊編譯	130元
27. 趣味的科學魔術	林慶旺編譯	150元
28. 趣味的心理實驗室	李燕玲編譯	150元
29. 愛與性心理測驗	小毛驢編譯	130元
30. 刑案推理解謎	小毛驢編譯	180元
31. 偵探常識推理	小毛驢編譯	180元
32. 偵探常識解謎	小毛驢編譯	130元
33. 偵探推理遊戲	小毛驢編譯	180元
34. 趣味的超魔術	廖玉山編著	150元
35. 趣味的珍奇發明	柯素娥編著	150元
36. 登山用具與技巧	陳瑞菊編著	150元
37. 性的漫談	蘇燕謀編著	180元
38. 無的漫談	蘇燕謀編著	180元
39. 黑色漫談	蘇燕謀編著	180元
40. 白色漫談	蘇燕謀編著	180元

・健康天地・電腦編號18

1. 壓力的預防與治療	柯素娥編譯	130元
2. 超科學氣的魔力	柯素娥編譯	130元
3. 尿療法治病的神奇	中尾良一著	130元
4. 鐵證如山的尿療法奇蹟	廖玉山譯	120元
5. 一日斷食健康法	葉慈容編譯	150元
6. 胃部強健法	陳炳崑譯	120元
7. 癌症早期檢查法	廖松濤譯	160元
8. 老人痴呆症防止法	柯素娥編譯	130元
9. 松葉汁健康飲料	陳麗芬編譯	130元
10. 揉肚臍健康法	永井秋夫著	150元
11. 過勞死、猝死的預防	卓秀貞編譯	130元
12. 高血壓治療與飲食	藤山順豐著	180元
13. 老人看護指南	柯素娥編譯	150元
14. 美容外科淺談	楊啟宏著	150元
15. 美容外科新境界	楊啟宏著	150元
16. 鹽是天然的醫生	西英司郎著	140元

17. 年輕十歲不是夢	梁瑞麟譯	200 元
18. 茶料理治百病	桑野和民著	180 元
19. 綠茶治病寶典	桑野和民著	150 元
20. 杜仲茶養顏減肥法	西田博著	170 元
21. 蜂膠驚人療效	瀨長良三郎著	180 元
22. 蜂膠治百病	瀨長良三郎著	180 元
23. 醫藥與生活㈠	鄭炳全著	180 元
24. 鈣長生寶典	落合敏著	180 元
25. 大蒜長生寶典	木下繁太郎著	160 元
26. 居家自我健康檢查	石川恭三著	160 元
27. 永恆的健康人生	李秀鈴譯	200 元
28. 大豆卵磷脂長生寶典	劉雪卿譯	150 元
29. 芳香療法	梁艾琳譯	160 元
30. 醋長生寶典	柯素娥譯	180 元
31. 從星座透視健康	席拉・吉蒂斯著	180 元
32. 愉悅自在保健學	野本二士夫著	160 元
33. 裸睡健康法	丸山淳士等著	160 元
34. 糖尿病預防與治療	藤田順豐著	180 元
35. 維他命長生寶典	菅原明子著	180 元
36. 維他命 C 新效果	鐘文訓編	150 元
37. 手、腳病理按摩	堤芳朗著	160 元
38. AIDS 瞭解與預防	彼得塔歇爾著	180 元
39. 甲殼質殼聚糖健康法	沈永嘉譯	160 元
40. 神經痛預防與治療	木下真男著	160 元
41. 室內身體鍛鍊法	陳炳崑編著	160 元
42. 吃出健康藥膳	劉大器編著	180 元
43. 自我指壓術	蘇燕謀編著	160 元
44. 紅蘿蔔汁斷食療法	李玉瓊編著	150 元
45. 洗心術健康秘法	竺翠萍編譯	170 元
46. 枇杷葉健康療法	柯素娥編譯	180 元
47. 抗衰血癒	楊啟宏著	180 元
48. 與癌搏鬥記	逸見政孝著	180 元
49. 冬蟲夏草長生寶典	高橋義博著	170 元
50. 痔瘡・大腸疾病先端療法	宮島伸宜著	180 元
51. 膠布治癒頑固慢性病	加瀨建造著	180 元
52. 芝麻神奇健康法	小林貞作著	170 元
53. 香煙能防止癡呆？	高田明和著	180 元
54. 穀菜食治癌療法	佐藤成志著	180 元
55. 貼藥健康法	松原英多著	180 元
56. 克服癌症調和道呼吸法	帶津良一著	180 元
57. B 型肝炎預防與治療	野村喜重郎著	180 元
58. 青春永駐養生導引術	早島正雄著	180 元
59. 改變呼吸法創造健康	原久子著	180 元
60. 荷爾蒙平衡養生秘訣	出村博著	180 元

61. 水美肌健康法　井戶勝富著　170元
62. 認識食物掌握健康　廖梅珠編著　170元
63. 痛風劇痛消除法　鈴木吉彥著　180元
64. 酸莖菌驚人療效　上田明彥著　180元
65. 大豆卵磷脂治現代病　神津健一著　200元
66. 時辰療法—危險時刻凌晨4時　呂建強等著　180元
67. 自然治癒力提升法　帶津良一著　180元
68. 巧妙的氣保健法　藤平墨子著　180元
69. 治癒C型肝炎　熊田博光著　180元
70. 肝臟病預防與治療　劉名揚編著　180元
71. 腰痛平衡療法　荒井政信著　180元
72. 根治多汗症、狐臭　稻葉益巳著　220元
73. 40歲以後的骨質疏鬆症　沈永嘉譯　180元
74. 認識中藥　松下一成著　180元
75. 認識氣的科學　佐佐木茂美著　180元
76. 我戰勝了癌症　安田伸著　180元
77. 斑點是身心的危險信號　中野進著　180元
78. 艾波拉病毒大震撼　玉川重德著　180元
79. 重新還我黑髮　桑名隆一郎著　180元
80. 身體節律與健康　林博史著　180元
81. 生薑治萬病　石原結實著　180元
82. 靈芝治百病　陳瑞東著　180元
83. 木炭驚人的威力　大槻彰著　200元
84. 認識活性氧　井土貴司著　180元
85. 深海鮫治百病　廖玉山編著　180元
86. 神奇的蜂王乳　井上丹治著　180元
87. 卡拉OK健腦法　東潔著　180元
88. 卡拉OK健康法　福田伴男著　180元
89. 醫藥與生活㈡　鄭炳全著　200元
90. 洋蔥治百病　宮尾興平著　180元
91. 年輕10歲快步健康法　石塚忠雄著　180元
92. 石榴的驚人神效　岡本順子著　180元
93. 飲料健康法　白鳥早奈英著　180元
94. 健康棒體操　劉名揚編譯　180元
95. 催眠健康法　蕭京凌編著　180元
96. 鬱金（美王）治百病　水野修一著　180元
97. 醫藥與生活㈢　鄭炳全著　200元

・實用女性學講座・電腦編號19

1. 解讀女性內心世界　島田一男著　150元
2. 塑造成熟的女性　島田一男著　150元
3. 女性整體裝扮學　黃靜香編著　180元
4. 女性應對禮儀　黃靜香編著　180元

5. 女性婚前必修	小野十傳著	200 元
6. 徹底瞭解女人	田口二州著	180 元
7. 拆穿女性謊言 88 招	島田一男著	200 元
8. 解讀女人心	島田一男著	200 元
9. 俘獲女性絕招	志賀貢著	200 元
10. 愛情的壓力解套	中村理英子著	200 元
11. 妳是人見人愛的女孩	廖松濤編著	200 元

・校園系列・電腦編號 20

1. 讀書集中術	多湖輝著	180 元
2. 應考的訣竅	多湖輝著	150 元
3. 輕鬆讀書贏得聯考	多湖輝著	150 元
4. 讀書記憶秘訣	多湖輝著	180 元
5. 視力恢復！超速讀術	江錦雲譯	180 元
6. 讀書 36 計	黃柏松編著	180 元
7. 驚人的速讀術	鐘文訓編著	170 元
8. 學生課業輔導良方	多湖輝著	180 元
9. 超速讀超記憶法	廖松濤編著	180 元
10. 速算解題技巧	宋釗宜編著	200 元
11. 看圖學英文	陳炳崑編著	200 元
12. 讓孩子最喜歡數學	沈永嘉譯	180 元
13. 催眠記憶術	林碧清譯	180 元
14. 催眠速讀術	林碧清譯	180 元
15. 數學式思考學習法	劉淑錦譯	200 元
16. 考試憑要領	劉孝暉著	180 元
17. 事半功倍讀書法	王毅希著	200 元
18. 超金榜題名術	陳蒼杰譯	200 元
19. 靈活記憶術	林耀慶編著	180 元

・實用心理學講座・電腦編號 21

1. 拆穿欺騙伎倆	多湖輝著	140 元
2. 創造好構想	多湖輝著	140 元
3. 面對面心理術	多湖輝著	160 元
4. 偽裝心理術	多湖輝著	140 元
5. 透視人性弱點	多湖輝著	140 元
6. 自我表現術	多湖輝著	180 元
7. 不可思議的人性心理	多湖輝著	180 元
8. 催眠術入門	多湖輝著	150 元
9. 責罵部屬的藝術	多湖輝著	150 元
10. 精神力	多湖輝著	150 元
11. 厚黑說服術	多湖輝著	150 元

12. 集中力	多湖輝著	150元
13. 構想力	多湖輝著	150元
14. 深層心理術	多湖輝著	160元
15. 深層語言術	多湖輝著	160元
16. 深層說服術	多湖輝著	180元
17. 掌握潛在心理	多湖輝著	160元
18. 洞悉心理陷阱	多湖輝著	180元
19. 解讀金錢心理	多湖輝著	180元
20. 拆穿語言圈套	多湖輝著	180元
21. 語言的內心玄機	多湖輝著	180元
22. 積極力	多湖輝著	180元

・超現實心理講座・電腦編號 22

1. 超意識覺醒法	詹蔚芬編譯	130元
2. 護摩秘法與人生	劉名揚編譯	130元
3. 秘法！超級仙術入門	陸明譯	150元
4. 給地球人的訊息	柯素娥編著	150元
5. 密教的神通力	劉名揚編著	130元
6. 神秘奇妙的世界	平川陽一著	200元
7. 地球文明的超革命	吳秋嬌譯	200元
8. 力量石的秘密	吳秋嬌譯	180元
9. 超能力的靈異世界	馬小莉譯	200元
10. 逃離地球毀滅的命運	吳秋嬌譯	200元
11. 宇宙與地球終結之謎	南山宏著	200元
12. 驚世奇功揭秘	傅起鳳著	200元
13. 啟發身心潛力心象訓練法	栗田昌裕著	180元
14. 仙道術遁甲法	高藤聰一郎著	220元
15. 神通力的秘密	中岡俊哉著	180元
16. 仙人成仙術	高藤聰一郎著	200元
17. 仙道符咒氣功法	高藤聰一郎著	220元
18. 仙道風水術尋龍法	高藤聰一郎著	200元
19. 仙道奇蹟超幻像	高藤聰一郎著	200元
20. 仙道鍊金術房中法	高藤聰一郎著	200元
21. 奇蹟超醫療治癒難病	深野一幸著	220元
22. 揭開月球的神秘力量	超科學研究會	180元
23. 西藏密教奧義	高藤聰一郎著	250元
24. 改變你的夢術入門	高藤聰一郎著	250元
25. 21世紀拯救地球超技術	深野一幸著	250元

・養 生 保 健・電腦編號 23

1. 醫療養生氣功	黃孝寬著	250元

2. 中國氣功圖譜　余功保著　250 元
3. 少林醫療氣功精粹　井玉蘭著　250 元
4. 龍形實用氣功　吳大才等著　220 元
5. 魚戲增視強身氣功　宮　嬰著　220 元
6. 嚴新氣功　前新培金著　250 元
7. 道家玄牝氣功　張　章著　200 元
8. 仙家秘傳袪病功　李遠國著　160 元
9. 少林十大健身功　秦慶豐著　180 元
10. 中國自控氣功　張明武著　250 元
11. 醫療防癌氣功　黃孝寬著　250 元
12. 醫療強身氣功　黃孝寬著　250 元
13. 醫療點穴氣功　黃孝寬著　250 元
14. 中國八卦如意功　趙維漢著　180 元
15. 正宗馬禮堂養氣功　馬禮堂著　420 元
16. 秘傳道家筋經內丹功　王慶餘著　280 元
17. 三元開慧功　辛桂林著　250 元
18. 防癌治癌新氣功　郭　林著　180 元
19. 禪定與佛家氣功修煉　劉天君著　200 元
20. 顛倒之術　梅自強著　360 元
21. 簡明氣功辭典　吳家駿編　360 元
22. 八卦三合功　張全亮著　230 元
23. 朱砂掌健身養生功　楊永著　250 元
24. 抗老功　陳九鶴著　230 元
25. 意氣按穴排濁自療法　黃啟運編著　250 元
26. 陳式太極拳養生功　陳正雷著　200 元
27. 健身祛病小功法　王培生著　200 元
28. 張式太極混元功　張春銘著　250 元
29. 中國璇密功　羅琴編著　250 元
30. 中國少林禪密功　齊飛龍著　200 元

・社會人智囊・電腦編號 24

1. 糾紛談判術　清水增三著　160 元
2. 創造關鍵術　淺野八郎著　150 元
3. 觀人術　淺野八郎著　200 元
4. 應急詭辯術　廖英迪編著　160 元
5. 天才家學習術　木原武一著　160 元
6. 貓型狗式鑑人術　淺野八郎著　180 元
7. 逆轉運掌握術　淺野八郎著　180 元
8. 人際圓融術　澀谷昌三著　160 元
9. 解讀人心術　淺野八郎著　180 元
10. 與上司水乳交融術　秋元隆司著　180 元
11. 男女心態定律　小田晉著　180 元
12. 幽默說話術　林振輝編著　200 元

13. 人能信賴幾分 淺野八郎著 180元
14. 我一定能成功 李玉瓊譯 180元
15. 獻給青年的嘉言 陳蒼杰譯 180元
16. 知人、知面、知其心 林振輝編著 180元
17. 塑造堅強的個性 坂上肇著 180元
18. 為自己而活 佐藤綾子著 180元
19. 未來十年與愉快生活有約 船井幸雄著 180元
20. 超級銷售話術 杜秀卿譯 180元
21. 感性培育術 黃靜香編著 180元
22. 公司新鮮人的禮儀規範 蔡媛惠譯 180元
23. 傑出職員鍛鍊術 佐佐木正著 180元
24. 面談獲勝戰略 李芳黛譯 180元
25. 金玉良言撼人心 森純大著 180元
26. 男女幽默趣典 劉華亭編著 180元
27. 機智說話術 劉華亭編著 180元
28. 心理諮商室 柯素娥譯 180元
29. 如何在公司崢嶸頭角 佐佐木正著 180元
30. 機智應對術 李玉瓊編著 200元
31. 克服低潮良方 坂野雄二著 180元
32. 智慧型說話技巧 沈永嘉編著 180元
33. 記憶力、集中力增進術 廖松濤編著 180元
34. 女職員培育術 林慶旺編著 180元
35. 自我介紹與社交禮儀 柯素娥編著 180元
36. 積極生活創幸福 田中真澄著 180元
37. 妙點子超構想 多湖輝著 180元
38. 說 NO 的技巧 廖玉山編著 180元
39. 一流說服力 李玉瓊編著 180元
40. 般若心經成功哲學 陳鴻蘭編著 180元
41. 訪問推銷術 黃靜香編著 180元
42. 男性成功秘訣 陳蒼杰編著 180元
43. 笑容、人際智商 宮川澄子著 180元
44. 多湖輝的構想工作室 多湖輝著 200元
45. 名人名語啟示錄 喬家楓著 180元
46. 口才必勝術 黃柏松編著 220元
47. 能言善道的說話術 章智冠編著 180元
48. 改變人心成為贏家 多湖輝著 200元
49. 說服的ＩＱ 沈永嘉譯 200元
50. 提升腦力超速讀術 齊藤英治著 200元
51. 操控對手百戰百勝 多湖輝著 200元
52. 面試成功戰略 柯素娥編著 200元
53. 摸透男人心 劉華亭編著 180元
54. 撼動人心優勢口才 龔伯牧編著 180元
55. 如何使對方說 yes 程 羲編著 200元
56. 小道理・美好人生 林政峯編著 180元

・精 選 系 列・電腦編號 25

1. 毛澤東與鄧小平　渡邊利夫等著　280 元
2. 中國大崩裂　江戶介雄著　180 元
3. 台灣・亞洲奇蹟　上村幸治著　220 元
4. 7-ELEVEN 高盈收策略　國友隆一著　180 元
5. 台灣獨立（新・中國日本戰爭一）　森詠著　200 元
6. 迷失中國的末路　江戶雄介著　220 元
7. 2000 年 5 月全世界毀滅　紫藤甲子男著　180 元
8. 失去鄧小平的中國　小島朋之著　220 元
9. 世界史爭議性異人傳　桐生操著　200 元
10. 淨化心靈享人生　松濤弘道著　220 元
11. 人生心情診斷　賴藤和寬著　220 元
12. 中美大決戰　檜山良昭著　220 元
13. 黃昏帝國美國　莊雯琳譯　220 元
14. 兩岸衝突（新・中國日本戰爭二）　森詠著　220 元
15. 封鎖台灣（新・中國日本戰爭三）　森詠著　220 元
16. 中國分裂（新・中國日本戰爭四）　森詠著　220 元
17. 由女變男的我　虎井正衛著　200 元
18. 佛學的安心立命　松濤弘道著　220 元
19. 世界喪禮大觀　松濤弘道著　280 元
20. 中國內戰（新・中國日本戰爭五）　森詠著　220 元
21. 台灣內亂（新・中國日本戰爭六）　森詠著　220 元
22. 琉球戰爭①（新・中國日本戰爭七）　森詠著　220 元
23. 琉球戰爭②（新・中國日本戰爭八）　森詠著　220 元

・運 動 遊 戲・電腦編號 26

1. 雙人運動　李玉瓊譯　160 元
2. 愉快的跳繩運動　廖玉山譯　180 元
3. 運動會項目精選　王佑京譯　150 元
4. 肋木運動　廖玉山譯　150 元
5. 測力運動　王佑宗譯　150 元
6. 游泳入門　唐桂萍編著　200 元
7. 帆板衝浪　王勝利譯　300 元

・休 閒 娛 樂・電腦編號 27

1. 海水魚飼養法　田中智浩著　300 元
2. 金魚飼養法　曾雪玫譯　250 元
3. 熱門海水魚　毛利匡明著　480 元
4. 愛犬的教養與訓練　池田好雄著　250 元
5. 狗教養與疾病　杉浦哲著　220 元

6. 小動物養育技巧　三上昇著　300元
7. 水草選擇、培育、消遣　安齊裕司著　300元
8. 四季釣魚法　釣朋會著　200元
9. 簡易釣魚入門　張果馨譯　200元
10. 防波堤釣入門　張果馨譯　220元
20. 園藝植物管理　船越亮二著　220元
30. 汽車急救ＤＩＹ　陳瑞雄編著　200元
31. 巴士旅行遊戲　陳羲編著　180元
32. 測驗你的ＩＱ　蕭京凌編著　180元
33. 益智數字遊戲　廖玉山編著　180元
40. 撲克牌遊戲與贏牌秘訣　林振輝編著　180元
41. 撲克牌魔術、算命、遊戲　林振輝編著　180元
42. 撲克占卜入門　王家成編著　180元
50. 兩性幽默　幽默選集編輯組　180元
51. 異色幽默　幽默選集編輯組　180元

・銀髮族智慧學・電腦編號 28

1. 銀髮六十樂逍遙　多湖輝著　170元
2. 人生六十反年輕　多湖輝著　170元
3. 六十歲的決斷　多湖輝著　170元
4. 銀髮族健身指南　孫瑞台編著　250元
5. 退休後的夫妻健康生活　施聖茹譯　200元

・飲 食 保 健・電腦編號 29

1. 自己製作健康茶　大海淳著　220元
2. 好吃、具藥效茶料理　德永睦子著　220元
3. 改善慢性病健康藥草茶　吳秋嬌譯　200元
4. 藥酒與健康果菜汁　成玉編著　250元
5. 家庭保健養生湯　馬汴梁編著　220元
6. 降低膽固醇的飲食　早川和志著　200元
7. 女性癌症的飲食　女子營養大學　280元
8. 痛風者的飲食　女子營養大學　280元
9. 貧血者的飲食　女子營養大學　280元
10. 高脂血症者的飲食　女子營養大學　280元
11. 男性癌症的飲食　女子營養大學　280元
12. 過敏者的飲食　女子營養大學　280元
13. 心臟病的飲食　女子營養大學　280元
14. 滋陰壯陽的飲食　王增著　220元
15. 胃、十二指腸潰瘍的飲食　勝健一等著　280元
16. 肥胖者的飲食　雨宮禎子等著　280元

・家庭醫學保健・電腦編號 30

1. 女性醫學大全	雨森良彥著	380 元
2. 初為人父育兒寶典	小瀧周曹著	220 元
3. 性活力強健法	相建華著	220 元
4. 30 歲以上的懷孕與生產	李芳黛編著	220 元
5. 舒適的女性更年期	野末悅子著	200 元
6. 夫妻前戲的技巧	笠井寬司著	200 元
7. 病理足穴按摩	金慧明著	220 元
8. 爸爸的更年期	河野孝旺著	200 元
9. 橡皮帶健康法	山田晶著	180 元
10. 三十三天健美減肥	相建華等著	180 元
11. 男性健美入門	孫玉祿編著	180 元
12. 強化肝臟秘訣	主婦の友社編	200 元
13. 了解藥物副作用	張果馨譯	200 元
14. 女性醫學小百科	松山榮吉著	200 元
15. 左轉健康法	龜田修等著	200 元
16. 實用天然藥物	鄭炳全編著	260 元
17. 神秘無痛平衡療法	林宗駛著	180 元
18. 膝蓋健康法	張果馨譯	180 元
19. 針灸治百病	葛書翰著	250 元
20. 異位性皮膚炎治癒法	吳秋嬌譯	220 元
21. 禿髮白髮預防與治療	陳炳崑編著	180 元
22. 埃及皇宮菜健康法	飯森薰著	200 元
23. 肝臟病安心治療	上野幸久著	220 元
24. 耳穴治百病	陳抗美等著	250 元
25. 高效果指壓法	五十嵐康彥著	200 元
26. 瘦水、胖水	鈴木園子著	200 元
27. 手針新療法	朱振華著	200 元
28. 香港腳預防與治療	劉小惠譯	250 元
29. 智慧飲食吃出健康	柯富陽編著	200 元
30. 牙齒保健法	廖玉山編著	200 元
31. 恢復元氣養生食	張果馨譯	200 元
32. 特效推拿按摩術	李玉田著	200 元
33. 一週一次健康法	若狹真著	200 元
34. 家常科學膳食	大塚滋著	220 元
35. 夫妻們閱讀的男性不孕	原利夫著	220 元
36. 自我瘦身美容	馬野詠子著	200 元
37. 魔法姿勢益健康	五十嵐康彥著	200 元
38. 眼病錘療法	馬栩周著	200 元
39. 預防骨質疏鬆症	藤田拓男著	200 元
40. 骨質增生效驗方	李吉茂編著	250 元
41. 蕺菜健康法	小林正夫著	200 元

42. 赧於啟齒的男性煩惱	增田豐著	220 元
43. 簡易自我健康檢查	稻葉允著	250 元
44. 實用花草健康法	友田純子著	200 元
45. 神奇的手掌療法	日比野喬著	230 元
46. 家庭式三大穴道療法	刑部忠和著	200 元
47. 子宮癌、卵巢癌	岡島弘幸著	220 元
48. 糖尿病機能性食品	劉雪卿編著	220 元
49. 奇蹟活現經脈美容法	林振輝編譯	200 元
50. Super SEX	秋好憲一著	220 元
51. 了解避孕丸	林玉佩譯	200 元
52. 有趣的遺傳學	蕭京凌編著	200 元
53. 強身健腦手指運動	羅群等著	250 元
54. 小周天健康法	莊雯琳譯	200 元
55. 中西醫結合醫療	陳蒼杰譯	200 元
56. 沐浴健康法	楊鴻儒譯	200 元
57. 節食瘦身秘訣	張芷欣編著	200 元
58. 酵素健康法	楊皓譯	200 元
59. 一天 10 分鐘健康太極拳	劉小惠譯	250 元
60. 中老年人疲勞消除法	五味雅吉著	220 元
61. 與齲齒訣別	楊鴻儒譯	220 元
62. 禪宗自然養生法	費德漢編著	200 元
63. 女性切身醫學	編輯群編	200 元

・超經營新智慧・電腦編號 31

1. 躍動的國家越南	林雅倩譯	250 元
2. 甦醒的小龍菲律賓	林雅倩譯	220 元
3. 中國的危機與商機	中江要介著	250 元
4. 在印度的成功智慧	山內利男著	220 元
5. 7-ELEVEN 大革命	村上豐道著	200 元
6. 業務員成功秘方	呂育清編著	200 元
7. 在亞洲成功的智慧	鈴木讓二著	220 元
8. 圖解活用經營管理	山際有文著	220 元
9. 速效行銷學	江尻弘著	220 元
10. 猶太成功商法	周蓮芬編著	200 元
11. 工廠管理新手法	黃柏松編著	220 元

・親子系列・電腦編號 32

1. 如何使孩子出人頭地	多湖輝著	200 元
2. 心靈啟蒙教育	多湖輝著	280 元
3. 如何使孩子數學滿分	林明嬋編著	180 元
4. 終身受用的學習秘訣	李芳黛譯	200 元

5. 數學疑問破解　陳蒼杰譯　200元

・雅致系列・電腦編號33

1. 健康食譜春冬篇　丸元淑生著　200元
2. 健康食譜夏秋篇　丸元淑生著　200元
3. 純正家庭料理　陳建民等著　200元
4. 家庭四川菜　陳建民著　200元
5. 醫食同源健康美食　郭長聚著　200元
6. 家族健康食譜　東畑朝子著　200元

・美術系列・電腦編號34

1. 可愛插畫集　鉛筆等著　220元
2. 人物插畫集　鉛筆等著　180元

・勞作系列・電腦編號35

1. 活動玩具ＤＩＹ　李芳黛譯　230元
2. 組合玩具ＤＩＹ　李芳黛譯　230元
3. 花草遊戲ＤＩＹ　張果馨譯　250元

・心靈雅集・電腦編號00

1. 禪言佛語看人生　松濤弘道著　180元
2. 禪密教的奧秘　葉逯謙譯　120元
3. 觀音大法力　田口日勝著　120元
4. 觀音法力的大功德　田口日勝著　120元
5. 達摩禪106智慧　劉華亭編譯　220元
6. 有趣的佛教研究　葉逯謙編譯　170元
7. 夢的開運法　蕭京凌譯　180元
8. 禪學智慧　柯素娥編譯　130元
9. 女性佛教入門　許俐萍譯　110元
10. 佛像小百科　心靈雅集編譯組　130元
11. 佛教小百科趣談　心靈雅集編譯組　120元
12. 佛教小百科漫談　心靈雅集編譯組　150元
13. 佛教知識小百科　心靈雅集編譯組　150元
14. 佛學名言智慧　松濤弘道著　220元
15. 釋迦名言智慧　松濤弘道著　220元
16. 活人禪　平田精耕著　120元
17. 坐禪入門　柯素娥編譯　150元
18. 現代禪悟　柯素娥編譯　130元
19. 道元禪師語錄　心靈雅集編譯組　130元

20. 佛學經典指南	心靈雅集編譯組	130 元
21. 何謂「生」阿含經	心靈雅集編譯組	150 元
22. 一切皆空　般若心經	心靈雅集編譯組	180 元
23. 超越迷惘　法句經	心靈雅集編譯組	130 元
24. 開拓宇宙觀　華嚴經	心靈雅集編譯組	180 元
25. 真實之道　法華經	心靈雅集編譯組	130 元
26. 自由自在　涅槃經	心靈雅集編譯組	130 元
27. 沈默的教示　維摩經	心靈雅集編譯組	150 元
28. 開通心眼　佛語佛戒	心靈雅集編譯組	130 元
29. 揭秘寶庫　密教經典	心靈雅集編譯組	180 元
30. 坐禪與養生	廖松濤譯	110 元
31. 釋尊十戒	柯素娥編譯	120 元
32. 佛法與神通	劉欣如編著	120 元
33. 悟（正法眼藏的世界）	柯素娥編譯	120 元
34. 只管打坐	劉欣如編著	120 元
35. 喬答摩・佛陀傳	劉欣如編著	120 元
36. 唐玄奘留學記	劉欣如編著	120 元
37. 佛教的人生觀	劉欣如編譯	110 元
38. 無門關（上卷）	心靈雅集編譯組	150 元
39. 無門關（下卷）	心靈雅集編譯組	150 元
40. 業的思想	劉欣如編著	130 元
41. 佛法難學嗎	劉欣如著	140 元
42. 佛法實用嗎	劉欣如著	140 元
43. 佛法殊勝嗎	劉欣如著	140 元
44. 因果報應法則	李常傳編	180 元
45. 佛教醫學的奧秘	劉欣如編著	150 元
46. 紅塵絕唱	海　若著	130 元
47. 佛教生活風情	洪丕謨、姜玉珍著	220 元
48. 行住坐臥有佛法	劉欣如著	160 元
49. 起心動念是佛法	劉欣如著	160 元
50. 四字禪語	曹洞宗青年會	200 元
51. 妙法蓮華經	劉欣如編著	160 元
52. 根本佛教與大乘佛教	葉作森編	180 元
53. 大乘佛經	定方晟著	180 元
54. 須彌山與極樂世界	定方晟著	180 元
55. 阿闍世的悟道	定方晟著	180 元
56. 金剛經的生活智慧	劉欣如著	180 元
57. 佛教與儒教	劉欣如編譯	180 元
58. 佛教史入門	劉欣如編譯	180 元
59. 印度佛教思想史	劉欣如編譯	200 元
60. 佛教與女性	劉欣如編譯	180 元
61. 禪與人生	洪丕謨主編	260 元
62. 領悟佛經的智慧	劉欣如著	200 元

・經營管理・電腦編號 01

◎ 創新經營管理六十六大計(精)	蔡弘文編	780 元
1. 如何獲取生意情報	蘇燕謀譯	110 元
2. 經濟常識問答	蘇燕謀譯	130 元
4. 台灣商戰風雲錄	陳中雄著	120 元
5. 推銷大王秘錄	原一平著	180 元
6. 新創意・賺大錢	王家成譯	90 元
10. 美國實業 24 小時	柯順隆譯	80 元
11. 撼動人心的推銷法	原一平著	150 元
12. 高竿經營法	蔡弘文編	120 元
13. 如何掌握顧客	柯順隆譯	150 元
17. 一流的管理	蔡弘文編	150 元
18. 外國人看中韓經濟	劉華亭譯	150 元
20. 突破商場人際學	林振輝編著	90 元
22. 如何使女人打開錢包	林振輝編著	100 元
24. 小公司經營策略	王嘉誠著	160 元
25. 成功的會議技巧	鐘文訓編譯	100 元
26. 新時代老闆學	黃柏松編著	100 元
27. 如何創造商場智囊團	林振輝編譯	150 元
28. 十分鐘推銷術	林振輝編譯	180 元
29. 五分鐘育才	黃柏松編譯	100 元
33. 自我經濟學	廖松濤編譯	100 元
34. 一流的經營	陶田生編著	120 元
35. 女性職員管理術	王昭國編譯	120 元
36. ＩＢＭ的人事管理	鐘文訓編譯	150 元
37. 現代電腦常識	王昭國編譯	150 元
38. 電腦管理的危機	鐘文訓編譯	120 元
39. 如何發揮廣告效果	王昭國編譯	150 元
40. 最新管理技巧	王昭國編譯	150 元
41. 一流推銷術	廖松濤編譯	150 元
42. 包裝與促銷技巧	王昭國編譯	130 元
43. 企業王國指揮塔	松下幸之助著	120 元
44. 企業精鋭兵團	松下幸之助著	120 元
45. 企業人事管理	松下幸之助著	100 元
46. 華僑經商致富術	廖松濤編譯	130 元
47. 豐田式銷售技巧	廖松濤編譯	180 元
48. 如何掌握銷售技巧	王昭國編著	130 元
50. 洞燭機先的經營	鐘文訓編譯	150 元
52. 新世紀的服務業	鐘文訓編譯	100 元
53. 成功的領導者	廖松濤編譯	120 元
54. 女推銷員成功術	李玉瓊編譯	130 元
55. ＩＢＭ人才培育術	鐘文訓編譯	100 元

國家圖書館出版品預行編目資料

青詞碧蕭： 道教文學藝術 / 楊光文,甘紹成編著.
– 初版.– 臺北市：大展 ， 民 89
面 ； 21 公分 --（道學文化；8）
ISBN 957-468-043-6（平裝）

1. 道教藝術 2.道教文學
234.5 89015345

四川人民出版社授權中文繁體字版

青詞碧簫：道教文學藝術

ISBN 957-468-043-6

編 著 者／楊光文、甘紹成
發 行 人／蔡 森 明
出 版 者／大展出版社有限公司
社　　址／台北市北投區（石牌）致遠一路 2 段 12 巷 1 號
電　　話／（02）28236031・28236033・28233123
傳　　真／（02）28272069
郵政劃撥／01669551
E - mail／dah-jaan@ms9.tisnet.net.tw
登 記 證／局版臺業字第 2171 號
承 印 者／高星印刷品行
裝　　訂／日新裝訂所
排 版 者／千兵企業有限公司
初版 1 刷／2000 年（民 89 年）12月

定價／250 元

大展好書　好書大展

大展好書 好書大展